U0010990

Taiwan Creations

# 輕描淡水

速寫水岸、山色與街廓

作者─林小南

可口魚丸

林小南 2019.6.25. 可口魚丸.

太雅

# 目　錄

淡水老街

金色水岸

淡海輕軌

# 最是人生好時節

何厚華／資深音樂人、作詞人

為小南的書寫序，其實是我自己提出來的。

我們同屬流行音樂最好的年代，早就耳聞彼此也見過幾次面。但因為同是那種低調不擅應酬的人，再加上大部分的青春都付出給工作了，實在不可能有太深的交集。這幾年真正讓我們熟稔起來的原因，是陶曉清，陶姐。我們同在一家網路電台主持，也合作過幾首公益歌曲。另一個更重要的因素，就是我們都生活在淡水。

藉著地緣之便，當她開始著手寫這本書時，我很早就被告知，並且充滿期待。而書中有幾個篇章，還是我們一起經歷的。每每她完成一個訪談，覺得特別有意思，就會迫不及待地跟我分享，像是一個發現糖果的孩子，不吝嗇地分給自己的好朋友吃一般。

或許還保有一點當年暢銷歌手的光環，所以提出採訪的邀約時，相對受到熱情對待；也有不少店家態度較惡劣，讓她吃足了閉門羹，但小南的心態始終淡然也隨緣。有一回我陪她去接洽一個受訪對象，發現她還有一些客氣與害羞，當時我心想，她決定要完成這本書，是需要多大的決心與勇氣哪！

因此，我也終於理解她人生的轉變了。創作是她的本質，或該說是天賦的使命，不管是音樂、美術繪畫或文字，這些都是她要傳遞給這個世界的美好，於是跟隨生命的各種經歷以及沿途的不同風景，加上一顆敏感且熱愛的心，看似一帆風順仍偶有滄桑風雨，恰恰賦予了更豐富的色彩與調味。

對於現在的小南，我可是羨慕又佩服，到處演唱或開畫展，一個人待在家裡寫歌或背起畫布流浪，她都不疾不徐地樂在其中。而因為這樣的態度，更在此刻的歲月時光，醞釀出淡淡的芬芳。

最後我還是要提一下為什麼這麼偏愛這本書，我希望把它送給我更多同齡的朋友，慫恿他們也搬到淡水來居住，因為這樣我們便可以在此一起笑談往事，然後慢慢變老。

5

# 藝術是體現生活的過程

楊文斌／知名畫家

印象中的小南，一直存在我腦海中的畫面，是她手抱吉他，彈奏淡雅而恰如其分的優美合音，譜出一段段動人的旋律。而她也正如她的作品所帶給我的感受，充滿調子與節奏，繽紛而富有隱約的音感。這是一位音樂人特有的氣質。

2005年透過好友顏國榮老師的介紹，與小南初遇於金門金沙鎮斗門的小村子裡。繪畫對於小南而言僅次於她最愛的音樂。我也將多年來在速寫方面的研究心得與她分享，傳達一種生活繪畫的概念。藝術原本就是體現生活的過程，不論用何種形式表達，最終就是要反映融入生活的情感。這些年旅遊速寫風靡全球，透過簡單輕便的繪畫工具，輕鬆自在而隨意地記錄遊途中所見的人、事、物、風景……，這就是繪畫體現生活的真意。

小南的速寫作品，從一開始的水墨趣味轉而透明輕快的輕水彩風格，底蘊中仍讓人感受到一股音樂人想傳達的旋律與悠揚。她用免洗筷打稿，呈現獨特且安定的風格。畫中不造作的線條，就如我當初給她的建議，繪畫是隨心而自由的，忠於自我才能反映生活。

# 書畫出的情意

**陶曉清**／台灣民歌之母

一邊讀著小南的速寫淡水的文章，一邊腦海中浮現出好多的畫面。當時小南還是背著畫架到處去畫油畫的時期，我經常跟著她到處去畫畫。那時也啟發了我自己開始胡亂塗鴉的樂趣，她畫著她的風景油畫，我則隨手玩顏色，用色筆畫下各種心情。我開始明白從中找樂趣、享受過程而不在批判自己「不會畫畫」。聽說小南要為淡水出一本速寫書，原本還打算再次做她的小跟班，到處遊玩吃喝一番呢！不過都還沒來得及詢問，她竟然已經完成這個作品。不過透過她的臉書，每次看到她上傳速寫作品時，總是感嘆著她的速寫畫怎麼那麼好看，而且真的是越畫越好！

從小在台北古亭區牯嶺街長大，我們當時要去淡水是要搭火車的。從廈門街站一路搖著晃著到淡水。先去搭渡輪到對面的八里逛一下，再搭渡輪回淡水，在出海口看著觀音山，亂指一通哪個山是觀音的鼻子，吃一輪當地的美味小吃，然後回家時必定在火車上睡著了。這是小時候好期待的一日輕旅行路線。

沒有預期的是，我會在2013年發現自己得了乳癌，開刀後醫生說我一定要做化療與放療。我當時選擇的就是淡水馬偕醫院。住院治療期間，病房的窗口望出去就是淡水河口，對面觀音山的落日幾乎天天都不一樣。後來的放射治療我每週一到週五都要搭捷運通車去醫院，當時我就告訴自己，把這段將近兩個月通勤的治療時間，當成去上班。因此讀到跟馬偕相關的所有報導時，我心中充滿了感恩之情，這麼多年前加拿大的一位傳教士，來到淡水傳教，卻在這裡展開了對我們如此重要的現代醫療與教育的推廣。

全書最多的文字紀錄是跟吃相關的，其次是古蹟、宗教建築、歷史建築，再來就是跟教育相關的報導了。這裡的學校教育真不是蓋的，從小學、中學到大學，幾乎都是全台第一間，歷史悠久，育人無數。我喜歡小南的幽默感，書中時常出現她跟屋主的對話，常常是輕鬆有趣的。我也欣賞她的創意，她到無極天元宮時櫻花尚未全開，文中兩度引用「本宮」，太有趣了。去紫藤咖啡屋時紫藤季節已過，但是她可以透過記憶或是想像，畫出繁花盛開的樣貌，並在文章中坦承不諱。讀她的文字時，可以感受到她每次探索都是那麼盡興，從而引發我「也好想去看看」的興致。

邀請小南創作這本書的太雅出版社總編輯，實在是太有眼光了，小南不光寫出了跟淡水相關的種種文化歷史與現在的風情，更重要的是其中有著她對這個目前她居住的地方濃濃的情意。

# 身在異鄉非異客 作者序

## 林小南

第一次知道淡水這個地名，是在國二時看《小畢的故事》這部電影，一句「喔～戀愛！」的場景便鎖住了我對遙遠淡水的模糊印象。

2006年，為了要尋找更開闊的畫室空間，我帶著這輩子的所有家當，浩浩蕩蕩地從住了9年的新店山上搬到淡水河邊，沒想到從此定居在此。於是，淡水從一個浪漫的遠方，變成近在咫尺的他鄉。而今，我雖身在異鄉卻已非異客。

寫這本書之前，每次被問到：「對淡水熟不熟？」總是猶豫好久。這是個很難回答的問題。說熟，認知卻仍像旅人一般，只知道紅毛城、老街、阿給、鐵蛋、渡輪和漁人碼頭。說不熟，卻又知道許多不為人知的山區祕境，畢竟也住了13個年頭了。認識淡水的過程，是一次次驚奇的探險與發現，透過一步一腳印，逐漸熟稔，也更加融入。

2018年夏天，剛剛完成一連串的油畫個展，正思考著年底最後一檔展出結束後，就要好好休養生息、閉關創作。然而在8月的某一天，FB的Messenger傳來一則訊息：「Sunnie 你好！我是太雅出版總編輯，看你FB一段時間了，不知道有人跟你談寫作+插畫的合作嗎？近期我有在想，只是不知道有機會嗎？」於是，我們就在一星期內

把合約簽訂了。對於這個邀請，我真是答應得爽快，有部分原因是太雅出版社一直做著對熟齡族群有益的書籍，難能可貴。關於他們希望我寫「速寫淡水」這樣的題材，就在我生活周遭，能藉著畫作與文字來了解淡水，左思右想，這的確是一件相當值得且意義非凡的事，怎麼能不執行？

這一年來，輕軌的開通與新市鎮美麗新影城的大駕光臨，讓淡水旅行的版圖從紅樹林捷運站開始，如同大樹一般開枝散葉！我從最熟悉的山中淡水店家寫起，再往金色水岸、老街及古蹟園區等等，將淡水的山水人文一網打盡之際，一點一滴地了解它非凡的面貌，竟也一點一滴地愛上

淡水禮拜堂(P.106)前方的福音鐘。

文史燦爛的淡水。

　　這一路由淺入深的旅程，因為認識了許多在地深耕的文化人，讓文章內涵得以豐盛而營養。感謝漁文影像文化工作者陳耀旭先生（Ｙ大）對於許多在地野史的提供與多方協助，可説是部淡水的活字典。在多田榮吉故居遇見李東明先生，讓我對淡水除了石牆仔之外，對出類拔萃的李家有更多著墨。蘇文魁先生及王朝義老師的導覽輔助我了解淡江中學的脈絡，讓我對馬偕博士有更深的尊敬。謝謝之間茶食器的Eason帶我參加農場音樂會，讓我拾回阿三哥農莊的那一片土地。謝謝阿三嫂帶我走過三空泉。在程氏古厝遇見梁建新、姚莉亭與李秉樺三位文化工作者，讓這本有關淡水的速寫書，畫下完美的句號。

　　最要感謝太雅出版社的邀約，沒有你們，我對淡水仍一知半解。我也要謝謝我自己，寫這本書很辛苦，除了克服淡水的風與豔陽，許多地方需要來來回回好幾趟才能書畫完善。但心情可一點也不苦，常常因認識新地點與新資訊而興奮不已，每一趟都值得回味。期待讀者看完這本書之後，到淡水的旅行路線有不一樣的規畫，不再局限逛逛老街與河邊的走馬看花。最後一句，歡迎常來淡水！

# 速寫

不要受限，就攜帶自己現有的工具，
在畫紙上大膽揮灑吧！
速寫時不要擔心「對」或「不對」，
只要當下是開心的，享受其中，
那就對了！

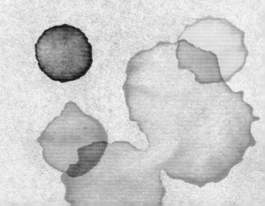

# 帶著速寫本輕鬆去旅行

2005年4月初的早晨，畫家好友顏國榮來電：「小南方！我放假回金門了，妳這幾天有沒有空來金門寫生？我家有好幾個房間隨你住，不用帶畫具，畫布我會幫妳準備好。」就這樣，一個半小時後，我帶著無牽無掛的心情與簡便行李到了機場，開啟首次金門的寫生之旅。

下飛機後，顏國榮老師先帶我去找一位朋友。車子緩緩駛入空氣清淨的鄉間，遠遠地看見一位個頭長得不高、拿著單眼相機對準樹梢的人。顏老師把車停下，鄭重地介紹：「這位是楊文斌，我在金門最要好的藝術界的朋友，台藝大國畫系畢業，留學西班牙拿到碩士學位後回鄉。」這次見面令我印象最深的是，與我們同輩的楊老師，只要聽到鳥鳴的聲音，就能分辨出是什麼鳥，真是厲害的特異功能呀！

後來一起去參觀楊老師的畫室的那一刻，應該是我繪畫生涯最重要的轉振點了。他讓我們看了幾本他的畫冊，俐落的線條、自在不造作的技法，都令我讚嘆不已。他說：「其實這幾天你可以畫速寫啊！不一定要畫油畫。」於是拿出他的速寫作品告訴我：「線條是很自由、很個人的，你可以像這樣，也可以像那樣。」毫不藏私地動筆示範，推翻了我原本「速寫＝構圖」的既定概念，原來速寫也可以是作品。從此也改變了我創作的方法與習慣。

我開始帶著速寫本輕鬆去旅行，讓印象寫實的油畫風格多了一些趣味的延展，不再局限抄襲大自然，在繪畫領域上也多了速寫這一新的素材。我力求線條簡潔，從最早如水墨的黑白速寫，後來加上淡淡的色彩。2010年之後，我的速寫作品開始受邀展出與收藏。近兩年的媒材則加入免洗筷，強化線條的力度。

此次太雅出版社邀約出版淡水速寫，一次將速寫作品集結成冊，我想最該感謝楊

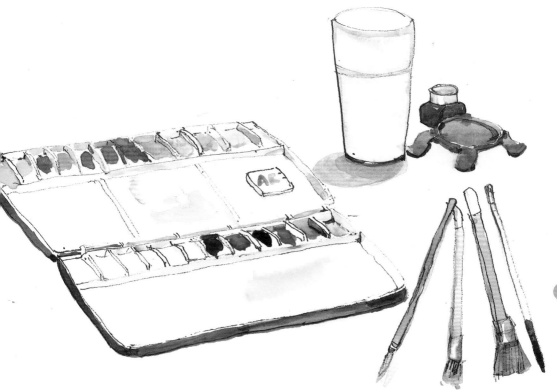

文斌老師當初給我的啟發。淡淡地寫下這一篇,獻給楊老師。

## 速寫以線條為主

速寫與水彩大大不同,水彩極其講究色彩與技法,速寫通常以線條為主,色彩為輔,或以各種筆調與形式完成畫作。我的法門叫做「亂無章法」,卻也一直亂中有序來呈現自己想要的調子。

## 速寫的工具

從前只是攜帶最簡便的油性0.5細字簽字筆、水管筆、小梅花盤與一管黑色水彩當墨色,以黑白畫面呈現。後來加入色彩,用免洗筷(圓頭、削尖)沾上油性墨水、透明水彩與幾管不透明粉色調,速寫本也從掌上型漸次到八開大小,不同時期有不一樣的嘗試。

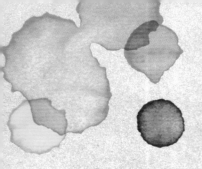

# 榕 堤

這張速寫時間是下午2～3點左右，尚未黃昏，

因為遠光比較強烈，故遠景模糊，先用淡淡的橙黃色打底。

主角為榕樹，可著重描繪榕樹的細節。

　若是主要景色過於龐雜，可先以鉛筆輕輕定位前景幾根重要的骨幹，並確認遠方地平線的消逝點。若是很有把握，則不必以鉛筆線條打稿。

　以免洗筷沾上油性墨水，一筆筆勾勒整體輪廓後，將剛才輕輕定位的鉛筆線條擦拭乾淨。

畫上前方的樹葉、樹幹以及樹鬚細節,再畫出近處與遠處的人物,這樣前後關係就出現了。人物在這幅畫裡屬於配角,以實景來判斷每個人物在畫面裡的比例,就會很清楚,人物數量則可隨性。

step 04

以清水打濕畫紙,左側的遠景以橙黃色淡淡地渲染,近處的綠樹範圍也簡單入色,前方的小樹叢用比較清朗的綠,偏冷的綠;大榕樹不受光,所以用偏暖褐色的綠。

再將葉子分別上深淺
綠色，以土黃與深赭劃
分樹幹的前後與亮暗關
係，地面與河堤刷上淡
淡的灰紫。

用深綠與深赭色強調
三棵榕樹主幹的前後距
離，同時加上樹鬚，讓
三者自然重疊存在。此
處的樹鬚可以用免洗筷
沾油性墨水拉幾條線出
來，再用深赭色也拉幾
條，製造層次。

繼續處理最前方樹幹
與後方樹葉之間的層次
細節，加深矮牆上的小
綠葉。

將人物上色，前方色
彩濃一些，遠方小而模
糊。接著淡淡拉一下人
物長影。

　　矮牆先上一層淡淡的
灰紫，在未乾之際用乾
淨的水隨性滴上幾滴，
就形成自然斑駁的趣味
圖形。

速
寫

19

主
題
示
範
：
榕
堤

　　最後在樹梢與小樹叢
點幾片葉子，增添一點
筆觸，簽名，收工。

# 水上人家

有時候速寫是一種內在的情調，

當下面對景物所感受的溫度、空氣與心境，下筆的那一刻可以決定。

此刻這一景象，眼前所見雖然是夏天的翠綠，

但我想畫出秋天的感覺。

以兩艘船為近景、房屋與樹為中景，遠山就是遠景了，很「風景畫」的基本元素，構圖可以大膽從前景下手，景物依循相關位置一個個擺上。

step 02

將畫紙以清水打濕，快筆染上秋天的橙黃色，屋子外觀畫上淺咖啡色，白鷺鷥及房屋的木頭架構則先留白。

　　前方水筆仔的綠色須調一點秋葉的橙色，水面繼續渲染至左下角，並趁水未乾之際，將後方的樹暈染上秋天的黃與橙。用深深淺淺不同的綠色，在屋前的綠樹範圍，利用暈染造成朦朧的前後關係。遠處讓山色偏暖紫。

　　再加一層暖褐色，淡淡地強化暗部。例如房屋後方和左下角的水邊倒影。船也加上一些倒影，仍以暖色為主，倒影的畫法通常由上而下，垂直刷下，再拿一支乾淨的筆，橫向畫出幾筆反光水影。此時畫面大致上已成調子。

水邊樹叢、房屋下方
與後方大樹各自加上深
色，左下角石頭的水影
也用深色畫出多一個層
次，讓畫面有前後立體
空間與空氣。

step 06

將三艘船身上色，雖
然船都是藍色，但需要
調點橙色，讓整體色調
繼續成一調子，深色水
影也淡淡加上幾條。

將小樹叢與大樹的枝幹多畫一些線條與厚度。畫上白鷺鷥的眼睛與腳。左下石頭處，可加畫兩棵黑色線條的植物，增加畫面豐富性。

沾上不透明的綠色水彩，甩上幾滴，呈現自由的點狀效果，讓畫面鮮活。至於點上多少，可自己決定。

再次處理細節，左下方的石頭暗部與點上小花朵，前方船身再立體一些，水影與暗部再加深一個層次。

中間屋子加上深色，拉開畫面層次張力，最後簽名完成。

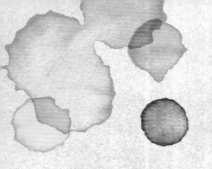

# 紫藤隧道

紫藤隧道是一個X型的構圖，攀藤與鐵架之間曲線與直線的交錯

看起來相當複雜，因此線條與色彩的重要性各占一半。

但只要先掌握鐵架由近而遠的空間配置：

近處距離大，遠處距離小，就離成功不遠了。

先找出地平線的消失點，剛好落在畫面中間偏左，也就是X型的交叉位置上方偏左一點。再畫出最前方超級跋扈的藤蔓姿態，定位穿越垂直鐵架的前後關係，將鐵架延伸至右方，垂直向下接到地面。架構就完成了。

step 02

繼續畫出上方最近的重要的線條，及右方幾棵落地的紫藤，構圖大致完成。

隧道外的光線比內側
更亮,所以可先上一層
清水,把最亮的綠與第
二層綠渲染的同時,留
下架子的白色。

靠近前方的明暗關係
會比較有張力,未乾之
際,繼續調上較深且偏
冷的第三層綠色。

　　將藤蔓畫上一層深褐色，遠處則使用淡褐色，保持前清楚後模糊的畫面。隧道外保留亮色的綠，不需再處理加畫顏色。

　　加一點深藍與深褐，讓冷暖綠交錯。加強畫面中最近的小矮樹，與隧道後方拉開距離。

紫藤花未開，但曾看過怒放時滿地紫藤花瓣的影片。所以打上一層紫色，滴幾滴清水，製造一點效果。

連同攀沿的紫藤可用紫色或粉紫色隨性地滴上一些，營造花開的氛圍，感覺就快完成了。

小幅度整理畫面，繼續多加深一個層次，讓前後關係與隧道的空氣流通。

step 10

使用最深的綠色處理葉縫，加上黑色藤蔓與小矮樹的線條，最後滴上幾滴白點製造趣味。

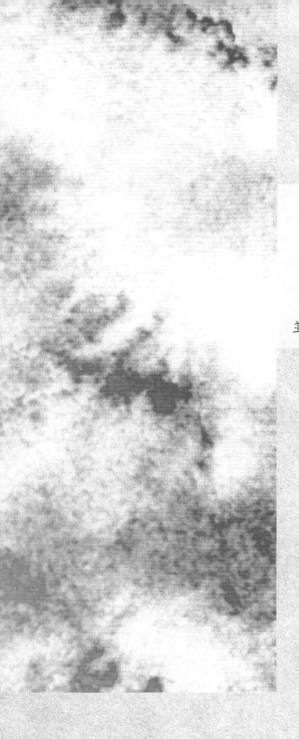

# 輕描淡水

從充滿生活情調的山中農莊開始，
到四大廟宇、古蹟建築，
再往水岸、碼頭、老街，
在紅樹林搭輕軌、探索祕境。
帶你一步步深入此地多元的面貌，
並跟著我一起愛上文史燦爛的淡水。

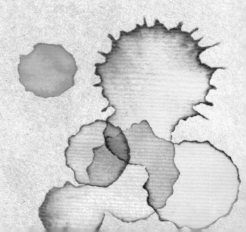

# 淡水的景色

　　細想走訪過的城市中，有哪幾個城市能夠在一個定點同時看見河面行走的船隻、腳踏車道、步道、捷運、主要道路、紅樹林保護區，甚至空中的飛機航道？淡水是其中之一。從竹圍到淡水總站，沿著河岸一路集結的平行風情，都在歷經烽火、文史燦爛的淡水精采攤開。

## 「滬尾」的由來

　　淡水（Tamsui），舊稱「滬尾」，名稱的由來有多種版本，其中之一是，「石滬」為早期海邊捕魚的設施，台灣北海岸有將近30個石滬群，淡水在最尾端，故稱「滬尾」。位於台灣第三大河淡水河旁及大屯山腳下，有觀音山作為屏障，因位處山、河、海的交會之地，交通便利，物產豐饒，成了兵家必爭之地。

## 河邊風情與山區祕境

　　我們所稱的淡水老街究竟有多長？從捷運總站旁的淡水文化園區開始，沿著金色水岸一直到滬尾漁港邊的最後一間淡水漁文影像館，這一路段都屬於老街的範圍。2016年海關碼頭開放參觀，與古蹟園區連成一線，又延長了漫步金色水岸的長度與文化深度。

　　建築風格有漢、洋兩區，以現在三民路的馬階紀念銅像為分界，向南就是漢人區，如重建街；向北是洋人區，如紅毛

城、小白宮、牧師樓、真理大學、淡江中學，以及第一女子中學等洋樓，都坐落舊稱「埔頂」的山坡上。

　　昔日的淡水八景有些已不復見，只剩「淡水榕堤」、「海口嚥日」、紅毛城的

「戍台夕照」，淡江大學的「鷺崗遠眺」。而日本人描述的台灣八景，其中之一是淡水夜景「街屋煤油燈」，如今已無跡可尋。不過淡水的美無需強調，每個世代都有不同的形容。

除了曾歷經風雨飄搖而聞名遐邇的河邊淡水，穿越淡金路到背離車水馬龍喧囂的大屯山區，彷彿是脫下戰袍後，換上儒雅秀麗外衣的居家淡水。這一帶有生機勃勃的農場、忠寮古厝群及特色店家。河邊風情與山區祕境，一動一靜，敘述兩樣迷人的氣質。

幸運的是，2018年冬天，輕軌通車帶來了便利，淡水又多了一個串連山水的現代路線。平面與架高的視野，能網羅整體風貌，生活與觀光都越來越有趣了！

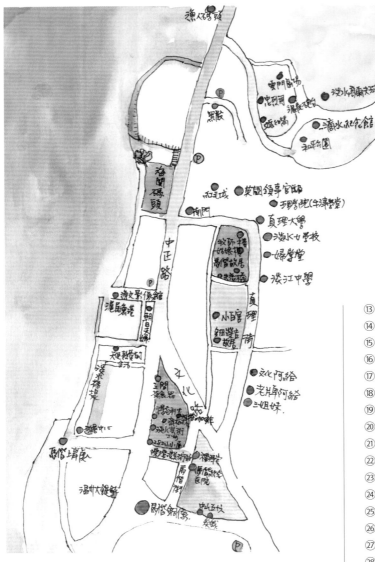

註：景點排序為本頁地圖由
上而下，由左至右。

註：景點排序為本頁地圖由
上而下，由左至右。

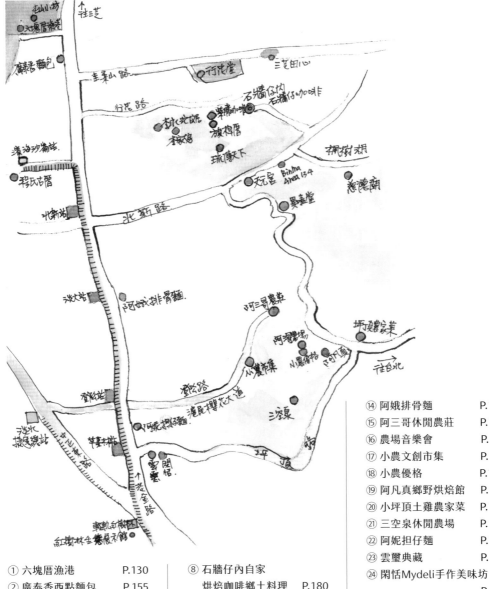

註：景點排序為本頁地圖由上
而下，由左至右。

淡水五虎崗

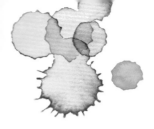

# 淡水文化園區

淡水僅存的洋行倉庫

會知道文化園區（殼牌倉庫），是因為參與淡水畫家在C棟展演中心聯展的邀約，大約是2011年冬天剛剛開放不久之後。對於幾個大小不一的紅磚屋，坐落在大約4,000坪的園區，裡面有鐵道、紅樹林生態、百年大榕樹以及鎮園大樟樹……，心裡只想著，淡水又多了一個空間漫遊了，我已畫過無數次，但對於它在台灣歷史上的重要地位，竟然呈現一個無知的狀態，實失敬之。

1862年淡水開港通商後，英商於1894年在此租借設置「嘉士洋行」，主要經營茶葉、樟腦、煤炭、硫磺至中國大陸或是歐洲，到了1900年被殼牌公司收購從事油品買賣，還增建三個油槽。那時淡水河較清澈，千噸級的運油船可駛入河港，直接輸入油管。但在1944年二次世界大戰期間已被美軍炸毀，所以，日本占領台灣及美軍轟炸台灣的重要時刻，它都參與過，目前是淡水僅存的洋行倉庫。

## 提供藝文展演與課程

文化園區位於金色水岸的起點，鼻仔頭庄仔內溪出水口的南側。再說清楚一些，就是捷運淡水站往老街的反方向，當你看到殘存的幾戶「水上人家」，後面的建築就是文化園區裡的倉庫了。園區裡共有A、B、C、D共四座倉庫，結構完全打破東方人對風水的概念，梁柱少，以寬而高大、

強化儲藏功能為原則。在外觀上加入美學的概念，所有的窗戶上緣都加上明拱，有遮雨的作用。

A棟原是製罐工廠，現在是淡水文化基金會辦公室。隔壁是全國第一個設立在古蹟裡的社會大學，有社團也有課程，目前請到國寶級大師莊武男老師，教授傳統寺廟彩繪；李秉樺老師教攝影。B棟原是煤油桶倉庫，現在是影像館。C棟原是潤滑油倉庫，現在是藝文展演中心。

漫步在百年的紅磚步道上，可見一個個以紅色油桶改造的休閒椅散放在各個區塊，至於為何使用紅色與黃色來呈現？沿路走進D棟前半段的殼牌故事館，看看裡面所陳列的廢棄油桶，以及全世界最早的加油機，就能夠明瞭一切。

## 淡水世界文化城市街車

這附近還曾有一棟大稻埕商人黃東貿的

大別墅，也有一間台灣「烏龍茶之父」約翰陶德的行館，都在戰爭中被摧毀了。最靠近河邊的陽台，毫無長物地將觀音山、關渡大橋與淡水出海口盡收眼底。向左依稀可見已停飛的水上機場用地，是二次大戰期間「日本到曼谷」航線的中繼站。當時為配合飛機起飛時需要知道的氣流、風速、水流、漲潮、退潮等等條件，於是蓋了一個氣候觀測站。直到現在，我們常在氣象報告聽到淡水最高溫或最低溫的數值，就是來自於此。

收拾完畫具，看到入口旁豎立的看板上寫著：「淡水世界文化城市街車，每週六帶您免費暢遊淡水五虎崗」，我看了一下搭車時間，五分鐘後剛好可以搭上三點半的車，真的很幸運！候車處就在園區外兩個開放式帳篷下。

早期的屋頂是鐵皮蓋的，整修後全數以紅瓦呈現。

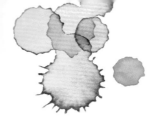

# 文化街車：淡水五虎崗

話說今日為熄火山的大屯山，在兩百萬年前火山爆發後，岩漿北流入淡水，在虎頭山附近形成五條如虎爪般的丘陵地，所以自古便有「五虎崗」之封號。至於是哪五塊丘陵地呢？搭上淡水文化街車便能清楚明暸。

我們從金色水岸的起點，屬於第五崗的淡水文化園區緩緩而行，駛進學府路看到右手邊的鄞山寺。從小坪頂以西，這片丘陵地舊稱鼻頭崙，還有聖本篤修道院。再沿著學府路向前彎轉進第四崗，從前稱之為大田寮地區，今為淡江大學，是民國以來台灣第一所私立大學，從淡大側門離開，左轉大馬路，經過右手邊舊稱「水碓」的重建街起點，水碓原本是碾米的工具，可想見從前這裡有很多碾米場，過去的地名大都跟生活連結。

第三崗的位置，舊稱「崎仔頂」，以漢人街市為主，大概是清水街與重建街北段的位置，直到老街福佑宮，有龍山寺在其中，清水巖是制高點。重建街在還未被中山路從中截成兩段時，舊稱「九崁」。左手邊則是淡水國小，建於日據時代，它的前身稱為「國語傳習所」，前總統李登輝先生就是畢業於此。

右轉中山路往沙崙方向，來到第二崗，老淡水人稱為「砲台埔」，或是「埔頂」，因為清朝嘉慶年間，在山崗前方靠河邊緣建有砲台守備的緣故。這裡以紅毛城為首，分別有英國領事官邸、真理大學、淡江小學、淡江中學、牧師樓、姑娘樓、馬偕故居、小白宮、多田榮吉故居。繼續往最北邊的第一崗「烏啾埔」，也就是古蹟園區，這裡有滬尾砲臺、忠烈祠、淡水高爾夫球場、一滴水紀念館與和平公園。從紅毛城到淡江中學的那一片歷史建築，目前正在申請世界文化遺產登錄。基於我們不是聯合國會員，也許會有一些難度，這遠大的目標，引頸期盼有天能順利達成。

五虎崗裡，有許多因應歷史而產生的殖民文化與地方故事可以探究，何況還有五虎崗之外的淡水，所以一日遊怎麼夠聽夠玩呢？所謂「不入虎穴，焉得虎子。」我不僅深入漫遊其中，也用畫筆速寫下來，要將沿途所有的驚奇，一字一句一筆一畫，在這一頁頁的篇章裡跟大家分享。

八里

淡水觀景圖

觀音砲台

紅毛城

淡江大學

清水巖

淡水捷運站

鄞山寺

淡水文化園區

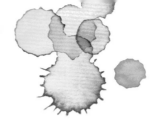

# 鄞山寺 第五崗
## 供奉定光古佛

鄞山寺位於淡水學府路上，每次到郵局辦理郵務，都會把車停在寺旁的會館地下停車場。出了會館大門就可見鄞山寺漂亮的45度角，寺前有個半月形的魚池，沿著直徑建有一條健康步道。廟後左右各有一水井，在風水上稱之為「蛤蟆穴」，裡面還可以看到水喔！但為了維護古蹟，已用鋼條圍起。廟宇外觀在周邊現代大樓的襯托之下，更顯古意盎然。

鄞山寺是在1823年清道光三年，由來自閩西汀州的客家移民所建，寺內供奉定光古佛。1989年被列為第二級古蹟，至今已超過190年歷史，仍保留著最原始的樣貌。台灣供奉定光古佛最有名的，就屬彰化定光佛廟與淡水鄞山寺這兩間廟宇。「定光」的閩南語跟「鄧公」的發音是一樣的，這也解答了我一直以來對於附近的「鄧公路」與「鄧公國小」命名的疑問，終於明白是閩南語轉中文發音後的結果。

## 寺裡泥塑各自精采

再度來到鄞山寺裡，遇見一對正在觀察主神龕的夫妻，聽見他們專業的對話，我不禁請教一二。那位先生帶我到門外看龍虎堵牆各自精采的泥塑，一為雙獅戲耍旗與球，取其「祈求」之意，另一面為兩隻麒麟舞弄戟與磬，取其「吉慶」之意。定光佛伏虎除蛟的事蹟，當然也在泥塑之列。又指著大梁上攀附龍爪的特殊造型讚嘆一番，隨後就離開了。

## 鄞，讀「銀」不讀「勤」

幾天後我又來到寧靜的鄞山寺，坐在中庭的正殿前方石台上，以香鼎為前景，速寫著屋頂上精采紛呈的陶磁花瓣剪黏裝飾與泥塑人物及戲台，延伸畫下刻著福與壽圖案的瓦當與滴水。不久，耳邊一直傳來：「來！站好！笑咪咪」的聲音，由遠而近，原來是幼幼班的戶外教學。

老師問：「大門兩旁的石雕是什麼？」小朋友說：「獅子！」老師糾正說：「對！一般通常會是獅子，可是這看起來不是喔！」另有小朋友回答：「蝸牛！」嗯……螺旋狀線條倒是挺像的。老師又問：「廟裡面有什麼顏色？」小朋友們搶著回：「紅色！綠色！藍色！金色！」也有黃色的祈福燈，有個小朋友馬上聯想到聖誕燈，於是唱起「Jingle bells！Jingle bells！」聽到這裡我已被逗樂了，偷笑著回到原地，小朋友的對話實在太可愛，也真難為老師們了。如果假日裡不想在老街裡人擠人，鄞山寺是不錯的選擇，過個馬路就能稍稍避開人群，這裡的幽靜與古樸，非常值得來體會。

## Here's the Story

### 定光古佛

　　關於定光古佛的由來，有一說是泉州同安俗家姓鄭名自嚴的宋代高僧，17歲得道傳法於汀州，曾為當地除蛟、收服山中猛虎巨蟒。82歲圓寂後，曾顯靈退散遭賊寇圍攻的汀州城。於是朝廷賜匾，將他住過的寺廟命名為「定光院」，因此被尊稱為「定光佛」。

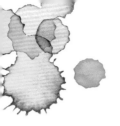

# 淡江大學 第四崗

## 承載古人期許的培育之地

　　淡江大學位在舊稱「大田寮」的區域裡，是民國以來台灣第一所私立大學。1950年創校時，稱作「淡江英語專科學校」，直至1980年才正式稱為「淡江大學」。

## 宮燈大道

　　校內最著名的「宮燈大道」是一個小斜坡，兩旁的宮燈教室大約興建於1954年，是仿造中國傳統的宮廷式建築。不管是杜鵑花盛開時煙雨朦朧，還是夏日夜晚，都有浪漫迷人的風情。不過也少不了淒美與恐怖的故事，我想這是每個校園都會存在的傳說。但是，都不敵我在此寫生所受到的驚嚇──山坡上自在飛舞的蚊子也太大隻了！宮燈大道的盡頭有淡大學生票選的

宮燈大道

書卷廣場

海豚吉祥物里程碑，甚是可愛，還有紹謨紀念體育館旁的五虎碑，兩件都是雕塑家王秀杞老師的作品。

書卷廣場

　　大草坪上白色的〈書卷廣場〉是林貴榮教授的作品。特色是中央有四片繞圈的水泥，若從上方俯視，形狀如同馬達旋轉不停，用來鼓勵學子們自強不息，也象徵古代簡冊的「竹卷」，代表淡江的校訓：樸實剛毅。又因外形酷似蛋捲，學生們暱稱這裡為「蛋捲廣場」。怪不得PTT網站上，淡大又稱「蛋捲大學」。

海事博物館

　　海事博物館過去是淡大的商船學館，外觀像一間船型屋，由張榮發先生捐建。原欲培養航海專員，有航海及輪機兩系，卻因政令覺得讓私立大學培育有所不妥，1985年就停招了。而館裡一應俱全的設備不再利用，實在可惜。後來改為航事通識教育，陳列許多等比例縮小的手工製型船，從航海時代的帆船到現代的航空母艦，例如鄭和下西洋的寶艦、鐵達尼號、日本最大船艦「大和號」、德國最大船艦「俾斯麥號」等都有。可預約導覽，相當適合全家大小一起來參觀。

海事博物館

## 李雙澤紀念碑

　　在這裡還看到李雙澤紀念碑，自小聽民歌長大且有幸於1991年出道時為校園民歌傳承的我，為他感到驕傲。台灣退出聯合國後，有感於學生間聽的仍是西洋流行音樂，在1976年的校園演唱會上，他勇敢呼籲大家「唱自己的歌」，引起媒體關注及各方熱烈討論，與胡德夫、「民歌之父」楊弦同為校園民歌運動的催生者。我還去了李雙澤的故居，算是殘舊，但仍有人住。

　　我也聽到一個值得讚許的故事。大田寮地區產權屬於大地主，也有許多佃農。在三七五減租政令之下，可以擁有自己的土地，但是為了成全辦學，只象徵性地收了租金，把地捐出去蓋大學；另外，有智慧的鄉紳也摒除派系成見，成立淡江大學土地贊助委員會，合力募款、捐地辦學。像這樣不為私而為大局著想的寬懷大度，令人由衷敬佩，淡水從此培育出不少優秀的人才，目前企業界徵才都以淡大為首選，這也是讓淡水人很值得驕傲的事情。

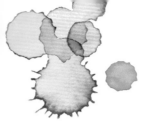

# 清水巖

淡水傳奇故事

每年農曆5月6日是淡水很重要的民間信仰——清水祖師爺平安遶境的日子，也稱為淡水大拜拜。街上砲聲隆隆，陣頭熱鬧非凡。這項傳統源於日據時代，當時為除淡水瘟疫，眾人商議在端午節後一天奉請祖師爺遶境，結果神威顯赫，瘟疫解除，因此成了每年慣例。後來擴展為5月5日端午的下午4點開始，稱之為夜巡；6號從早上8點開始，是日巡。這兩天會有交通管制，如果沒有居民證，車輛是不能進入淡水的。淡水大拜拜已在2013年被新北市政府列為無形文化資產。

廟裡的壁畫上描述，在清咸豐年間，兩名安溪清水巖的僧人為了籌募資金重修清水巖，便捧著祖師爺木刻雕像從大陸渡海來台，由淡水上岸化緣，安奉在現址為草東里中正路濟生號，鄉紳翁種玉的家中。後來有個關於清法戰爭的民間傳說：當時法軍進犯淡水，有人看見淡水上空有多尊神靈顯現，一是福佑宮的媽祖娘娘，二是龍山寺的觀世音菩薩，第三位就是清水祖師爺。其中又以清水祖師爺的陣仗最大，因為後面跟了一排道士，所以就把這場戰爭勝利的功勞都歸給祖師爺。又相傳鼠疫橫行的那段時間，也是祖師爺顯神蹟解危的。如此功勳彪炳，於是眾人開始集資籌建祖師廟。

現在所看到的祖師廟落成於1932年，看到正殿上方「恩深淡海」匾額，以及左右各一大面牆的光明燈，就知道香火鼎盛非凡。我在中庭，畫著二次大戰日軍空襲的兩枚已製成大燭台的未爆彈。廟裡有位老先生來跟我說，他聽前廟公描述，空襲當時躲在桌底下，親眼目睹炸彈離地四呎停在空中，然後才慢慢倒向地面，地板上特別標注的紅線就是炸彈的落點。日軍奇怪炸彈落下竟然沒有聲響，又繞一圈回來，用機關槍掃射，子彈就落在左邊的牆面上，現在還可以看見彈痕。但，這畢竟是傳說，除了彈痕與未爆彈是真實的，其他當作故事聽聽就好。

我在速寫時，一直聽到左後方傳來老先生口中喃喃閩南語與手裡擲筊杯的聲音：「30好否？」「哪是19，互阮一個聖筊」「若無……26好否？」「04，19，成對，按呢？」「啊10，毋知會使否？」「抑是講，37甘好？」「我看07嘛是袂麥，你看會使否？」阿伯的精采問答真像一齣戲，

甚至還做筆記呢！雖然不知道問的是什麼明牌，但聽得我頭都暈了。趁著換筆的時候，彎下頭瞄了一下，白髮蒼蒼的阿伯虔誠地跪在地上，擲筊盃的聲音不絕於耳。

我心中卻是想著，「這位阿伯，祖師爺是個得道高僧，心中早就沒有利益得失了，應該幫不了你涅！今嘛是透中晝，應該去呷飽、睏飽卡實在啦！」我想，神之所以為神，是因祂們的慈悲與無私受人景仰。在拜拜祈求之餘，應先自律，求自己修出良好的品行道德，降低欲望，以神為學習的榜樣，凡事多為人著想，就能無欲則剛，這才是信仰的價值所在。以上是個人小小體會，與大家共勉。

看到正殿上方「恩深淡海」匾額，以及左右各一大面牆的光明燈，就知道香火鼎盛非凡。

## Here's the Story

### 清水祖師爺

清水巖裡供奉的清水祖師爺是北宋時期福建泉州安溪的高僧。生前樂善好施，造橋鋪路，常施藥救助人民，尤以祈雨解旱屢現神蹟。宋徽宗靖國元年，時年65歲的祖師爺坐逝圓寂於清水巖。

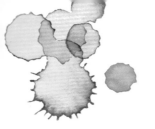

# 香草街屋・戀愛巷 第三崗

青青草香，與青澀的愛情

　　滿室生香，是我進去香草街屋的第一印象。這個位於重建街14號、已有90年歷史的日據時代漢人建築，是一棟依地形而建的階梯式老屋，屋裡也是層層階梯。展示空間雖只有二至三坪，卻擺滿了店家在淡水下圭柔山農地自種的香草。有萬壽菊、香蜂草、薰衣草等，天然草香讓這小空間充滿大自然的氣息。

　　走出店家左轉進入小巷，牆邊倚著一塊南方松拼接的看板，上面寫著「戀愛巷」。我好喜歡這個轉角，便選了一個好位置。店家尚未開張，還放了幾張椅子，坐在這裡極其舒適，畫具一攤開就開始速寫。

　　戀愛巷的由來，傳說是住在重建街30號的王昶雄喜歡上某位畫家的學生林玉珠。兩人談戀愛的時光裡，王昶雄送林玉珠回清水街的途中會經過14號旁的這條巷子，因此這條巷子就成為兩人的戀愛巷。至於王昶雄究竟是何方神聖？住在台灣的我們都應該聽過〈阮若打開心內的門窗〉這首頗具文學風格的閩南語歌曲吧？作詞者就是王昶雄老師喔！

　　當我完成這幅速寫，老街便開始鑼鼓喧天，原來適逢端午，剛好是淡水清水祖師爺平安遶境之日。將近下午4點，這小小的戀愛巷口也聚集起人潮，當下我才知道這裡是出巡的第一個巷口，並恍然大悟這些椅子是為群眾準備的。能在此躬逢其盛真是太巧了！在此向民俗文化工作者，獻上一鞠躬。

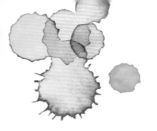

# 淡水九崁28

## 自由混搭風格老物

　　進老街逛逛與速寫的次數已經無以計數，卻是第一次走進重建街。掛著紅燈四盞的28號，門前的黑板寫著淡水九崁28，一樓是心坊力簡單書店，二樓是咖啡屋。復古又創新的外觀吸引著我，於是坐在對面25號的屋簷下，以它為主角，畫向往下走的階梯遠景。我個人感覺滿像九份的風情，只是九份看見的是海，這裡看見的是河。直到我完成速寫，店門依舊緊閉，今日無緣，只好擇日再來。

　　一而再，再而三經過，終於在7月某天經過時，發現門竟然開著！我踩著興奮的步伐走了進去，老屋裡琳琅滿目卻又秩序井然地擺著經過歲月洗禮的老東西。首先吸引我的是漆成各種顏色的廢棄開合椅，在一排舊書櫃旁疊成裝置藝術。心中驚呼：「怎麼那麼酷！」再往下一個空間，恰恰看見長得很像老闆的一位氣質先生。我馬上真誠地跟他問聲好，並述說著幾次來訪的未遇與好奇。

　　人稱九哥的老闆，因為純粹喜歡老房子，本身也從事設計，於是把這間閒置已久的老屋租下來，將原本已呈現廢墟狀態的空間重新維修。它的修復方式比較特別，是取用屋子本身拆下後堪用的材料來修補，而不是採買新的建材。我喜歡的那個開合椅裝置，就是留在房子裡的家具，因為當時捨不得丟，於是巧手將它們改頭換面。除了古典老物之外，也有十幾位藝術家的作品分置在一、二樓陳列寄賣與展出。從2012年7月開幕至今，如果沒有特別的事情要忙，他幾乎都待在店裡坐鎮。

　　這間屋子最大的精神所在，是二樓的輕工業風蒸籠吊燈。將原本留在屋子裡的老鍋具，裡裡外外漆成紅色之後，加工掛上代表12個月分的12個燈泡，高掛屋簷下，自然垂吊，高低錯落，象徵圓滿。我特意放輕腳步慢慢地欣賞四周擺設，二樓龜裂的幾片紅色地磚仍被我踩得喀喀響。被拆下的門板與窗花，幾乎保留了原貌，倚放在斑駁的牆面上，一片片立著，大方直接。

　　店裡每一個小區塊都是混搭的咖啡座，小桌上古老的撥號電話，角落裡已「肢障」的裁縫機，細節裡藏著許多故事，別忘了要請九哥說給你聽喔！在陽台喝咖啡還能看見淡水河上漁船點點，這裡的視覺感動真是豐富得徹底了。

念舊的朋友一定要來，當
然，喜歡藝術的朋友更要
呼朋引伴，來看看重建
老街裡九崁28的鮮奇樣
貌，激發創意與聯想，飲
一杯咖啡，回到最單純的
舊時光。

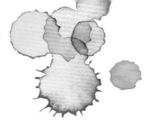

# 福佑宮 <sub>第三崗</sub>

## 淡水人的精神支柱

　　剛搬到淡水那一年，就聽說端午節是淡水大拜拜與廟會的日子，因著好奇，我決定去老街湊熱鬧。附近廟宇來助陣的隊伍，幾乎都停在福佑宮前的廣場上行敬廟儀式。讓我印象最為深刻的是三太子的陣仗，配合伍佰唱的〈你是我的花朵〉跳著台客菱形步，引來全場歡聲雷動。新舊世代交替之下，對民俗文化的創新與融合不遺餘力，跟從前只有轎前鼓與嗩吶鑼鈸為先鋒的傳統陣頭已經大異其趣。這是我第一次認識福佑宮，我猜想它應該是老淡水人相當重要的精神支柱。

## 淡水最早的廟宇

　　面向淡水河，已有兩百多年供奉海神「媽祖」的福佑宮是淡水最早的廟宇，可追溯至1782年清乾隆年間。旋於嘉慶元年1796年重新落成，是先民渡海來台開荒闢土很重要的民間信仰。早期因舟楫往來，除了應付海盜的侵犯之外，還需面對濕黑險惡的天候。當時居民便在油車口增建一

座望高樓燈塔，讓船隻出入平安。望高樓碑已在1972年移至福佑宮中，新興的老街也以此為中心漸次發展完整，而望高樓的遺址位於漁人碼頭後門的心石滬瞭望台。

## 百年老街新舊並融

　　一走進廟裡，抬頭便可見清光緒帝御賜的「翌天昭佑」匾額，往白虎邊牆下一看，是嵌入的望高樓碑。寺裡一根根木造支柱都被鼎盛的香火熏得黝黑發亮。天公爐的兩側有清嘉慶年間的石獅子一對，正殿上方則懸有嘉慶二年間（1797年）的「天上聖母」古匾。殿前的供桌上也擺了許多尊媽祖神像，可讓信徒「掛單」，也就是請出廟宇至某地敬拜與請回。

面對福佑宮左邊進入，是3D意象彩繪階梯。一路大概有100公尺長，有關渡橋、Q板的媽祖、淡水漁船及日落景象。階梯上精采的畫作圈繞著福佑宮，轉角處剛好與淡水重建街相會。往右這一小段下坡是重建街的街頭藝廊，牆上有許多攝影作品。將福佑宮繞一圈，最後又回到淡水老街。往左上坡就是淡水最古老的商業街區重建街，舊稱「九崁」，從日據時代歷經滄桑而勢微，但這些兩層樓的紅磚瓦屋現在仍有人居住，也有幾戶特色店家值得去瞧瞧。一直到37號都還是屬於古老建築的範圍，通往中正路的兩旁則是現代公寓。

值得稱頌的是，當初各方族群摒棄成見，共同募資而有了護佑鄉民的福佑宮。從一間廟宇形成一條老街，讓河邊與山上連成一線。兩、三百年就這麼飛逝而過，淡水繁榮的舊時光已消失在熱鬧的新老街上。所幸，一直看見傳統文化與現代文創並行不悖，持續發展。除了感謝諸天神聖護持，更要感謝文化人對於維護古蹟與在地人文的努力不懈，當然還有遊客們共同創造的繁榮，讓下一代繼續沐浴在良善的環境裡，有歷史可閱覽，有傳奇可頌揚。

漫遊散策

重建街規畫有假日文創市集，沿著階梯一攤攤地擺放，販賣著獨一無二的創意商品，有手染布包、獨家口味的蛋捲、各式鐵製吸管、自釀蜜餞，而且竟然還有失戀專屬商品呢！福佑宮正對面的廣場也是市集範圍。

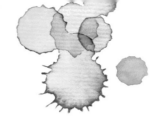

# 龍山寺 第三齣

老街文化發源地

　　有人說，想要了解某個城市的特色，只要到傳統市場走一趟便能略知一二。所以剛搬到淡水不久的某天早上，便去傳統早市採買轉轉，一個不小心，撞見了一間廟宇，當然這在三步一小廟，五步一大廟的台灣不是件大事，道教信仰本就與台灣民眾精神生活有相當大的連結。但如果這間廟宇又是國定三級古蹟，那可真的是意外的驚喜。

　　中午過後，菜商都開始收攤了，隱身在中山路巷弄傳統市場裡的淡水龍山寺，響起一首首新世紀國樂，應該是我去過的廟宇裡，所聽過音樂性最好的了，好整以暇地坐在裡頭的長板凳上聆聽了一陣子，欣賞菩薩救苦循聲的壁畫，再走近看正殿主神觀世音菩薩上方的「慈航普渡」匾額，相傳是在清法戰爭期間，因菩薩顯靈護佑淡水平安，後來巡撫劉銘傳奏請光緒皇帝頒賜的，右偏殿的天上聖母則有慈光普照，左偏殿有南海朝宗。寺裡前後共四根龍柱，為光緒丙子立冬所立，龍首張口在主殿的青龍邊含珠，白虎邊沒有含，成為一大特色。其他石柱上面則刻有咸豐戊午年吉立。

　　為了畫夜晚的龍山寺，趁著黃昏，先在附近買了我愛的潤餅捲，坐在最靠河邊的長椅上，美食配豪奢廣闊的河面風光，除了幸福，我已經找不到形容詞了。正當陶醉之時，一旁的遊客點上了菸，驚醒素有煙霧警報器之稱的我，所謂「好景不常」是不是就是這個意思？不過，還好有這個遊客提醒了我，得趕快去畫龍山寺。

　　傍晚來此虔敬跪拜唸誦經文的人真不少，由此可知，觀世音菩薩真是民間信仰中最普遍、最受歡迎的神尊。天色漸暗，我快筆打稿，卻看見廟公正在關門，才7點而已呀！看來，我又得再來一次了！

## Here's the story

### 台灣的龍山寺

　　台灣共有五間龍山寺，由南而北依序為鳳山、台南、鹿港、萬華、淡水。都是分靈自福建省泉州府晉江縣的安海龍山寺。淡水龍山寺因為遭逢地震，所以於咸豐八年（1858年）重建。直到1982年又增添拜殿，整修後的彩繪部分出自廟宇彩繪大師莊武男先生之手。

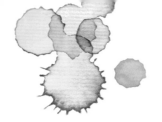

# 紅毛城

## 淡水觀景制高點

來淡水古蹟園區拜訪的第一站,當然是建於17世紀,台灣現存最古老的建築之一——紅毛城囉!淡水八景之一的戌台夕照,指的就是紅毛城望向出海口的視野。

早上9點半就開門迎接旅客,由爬滿綠藤的南門走進。設籍淡水的本地人可憑身分證入場,遊客則需買票。一張票80元,可以參觀紅毛城、小白宮及滬尾砲臺。進去之後,遊客中心的票務人員會在手臂上蓋章,當日就能自由進出這三個地點。

穿過紀念品中心「紅城小舖」,旁邊有一口古井,是自來水還沒有被使用前,紅毛城裡很重要的用水來源,但是主角紅毛城還在陡坡上方,可想而知當時打水有多麼不方便。我坐在上方平台一張大石椅上,這角度是我個人覺得畫下紅毛城主堡的最佳地點。據說為了維護古蹟,已經不再讓民眾寫生,但是我沒有被制止,可能是因為我的速寫工具比較簡易吧!被幾名遊客緊盯著不放,不好好畫都不行。

紅毛城的正前方插上了西班牙、荷蘭、明朝、清朝、英國、日本、澳大利亞、美國及中華民國共九面國旗,以此象徵它從17世紀以來,歷經多個政權更迭的不凡歷史,可說是見證了台灣的近代史。1980年,經過中央及地方政府努力爭取,終於從英國手中正式收回產權,並將其列為國定古蹟。

紅毛城不僅僅是領事館,它的一樓竟然有四間牢房,每間房都能看見被關押的洋人雕像展示。話說根據當時領事裁判權的規章,若洋人在清朝境內犯法,衙門是不能治罪洋人的,在搭船遣返他們自己國家受法律制裁之前,會先關押在一樓,所以牢房是專為洋人設立的。因為洋人相當注

*1724年清雍正年間,曾增建東西南北四座城門,但如今只剩下南門,也是唯一的出入口。*

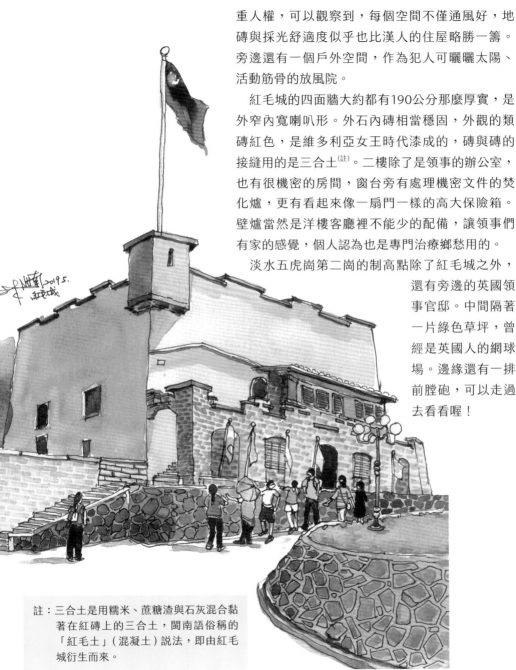

重人權，可以觀察到，每個空間不僅通風好，地磚與採光舒適度似乎也比漢人的住屋略勝一籌。旁邊還有一個戶外空間，作為犯人可曬曬太陽、活動筋骨的放風院。

紅毛城的四面牆大約都有190公分那麼厚實，是外窄內寬喇叭形。外石內磚相當穩固，外觀的類磚紅色，是維多利亞女王時代漆成的，磚與磚的接縫用的是三合土<sup>(註)</sup>。二樓除了是領事的辦公室，也有很機密的房間，窗台旁有處理機密文件的焚化爐，更有看起來像一扇門一樣的高大保險箱。壁爐當然是洋樓客廳裡不能少的配備，讓領事們有家的感覺，個人認為也是專門治療鄉愁用的。

淡水五虎崗第二崗的制高點除了紅毛城之外，還有旁邊的英國領事官邸。中間隔著一片綠色草坪，曾經是英國人的網球場。邊緣還有一排前膛砲，可以走過去看看喔！

註：三合土是用糯米、蔗糖渣與石灰混合黏著在紅磚上的三合土，閩南語俗稱的「紅毛土」（混凝土）說法，即由紅毛城衍生而來。

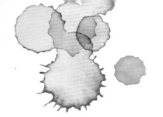

# 英國領事官邸 <sub>第二崗</sub>

雅致的英式風格內裝

　　這棟建築物常被誤說成英國領事館，正確說法應該是「英國領事官邸」。1858年清法戰爭結束後，隨著台灣北部的茶與樟腦出口激增，淡水貿易額提高，英國人為了拓展商務，就把家興建在紅毛城主堡旁東側，以便工作。從1891年落成之後，歷經36位領事。

　　磚雕、拱圈迴廊、綠釉瓶欄杆，是這棟兩層樓官邸洋房外觀上的特色。抬高的地基方便通風，排掉聚積的濕氣。寬敞的迴廊具有阻隔陽光與雨水直接進入房間的緩衝功能。進去一樓之前，右下方展示了一塊已經生鏽的刮泥板，當時用於進屋前刮淨腳底的泥巴。最有藝術價值的是正面的12組磚雕，其工法稱之為「窯後雕」，意思是柱子都建好後才雕刻花紋，所以工匠需要非常精準且零失誤。長方形的磚雕上，十字花瓣薔薇代表英格蘭國花，上下圓白花瓣的薊花是蘇格蘭國花，兩者對角線加上中間的十字花瓣相呼應，巧妙地成為英國國旗圖樣，有些磚上刻有「V。R」字樣，是維多利亞女王（Victoria Regina）的縮寫。1891是落成的年代，顯示是在維多利亞女王執政時期（1837～1901）蓋好的，至今也有128年了。

　　一樓的客廳與書房內部的家具布置只是模擬英式風格，當時留下的只有搬不走的地磚、吊扇與壁爐。廚房也完整，僕人區的牆上有一盒黑色編碼，是一至十號房的僕役呼叫鈴總機，方便領事呼叫僕役。從餐廳或客廳的任何一扇落地窗往外看，都不會被拱圈迴廊的柱子擋到光線或風景，一扇窗就是一幅畫，相當居家的設計。二樓是主臥室，目前展示白雙爵、張鑽傳與蔡坤煌三位前輩攝影師所拍的淡水黑白照片。我在1960至1990年的老淡水風情裡，看見純樸的民風色彩，寧靜優雅的小鎮印象。至於圍牆邊緊鄰典型哥德式建築的真理大學，是古蹟的另一篇章了。

# 真理大學 第二崗

馬偕博士遺響百年

　　從英國領事官邸一個健步，就走進了1999年正式改制的真理大學。它的前身為淡水管理工商學校，正前方的牛津學堂前那一片翠綠花圃裡，已經擺滿各種到此一遊的歡樂姿勢。東邊還有一個小小噴水池，散步一圈後，我面對牛津學堂作畫。雖然有一群一群的日韓觀光客不時擋住我的視線，但是這個定點應該是最全面的視野，實在太舒適了！

## 牛津學堂

　　馬偕博士在1872年抵達淡水港，除了傳教成立淡水教會，行醫建立偕醫館之外，還引進西方思想以及先進的教育理念辦教育。從加拿大募得6,215元加幣，作為建設現代學校的經費，由博士本人親自設計監工。於1882年落成，命名為理學堂大書院（又稱牛津學堂）是為了紀念加拿大牛津郡鄉親捐款建校的美意。這棟中西合璧的紅磚建築，也是台灣第一所大學喔！

　　當時牛津學堂授課的內容，除了研究聖經、學習基督教教義，還有物理、化學、地質學、生物學、植物學、動物學等一般自然科學。體育、音樂、算術、解剖、藥理、臨床醫學也都包含在內。師資除了外聘的漢學教席，也有來自於他在淡水八年的傳教生涯裡，額外開辦露天教育時期的信徒與學生。

　　牛津學堂現在是真理大學的校史館。平日也能隨意進出，可以從紅毛城、英國領事官邸一路通到牛津學堂。也能從大門口進入。牛津學堂又稱美樓，右方有一美樓石碑。樹蔭下有許多石椅石桌可供休息，宛如住家附近社區的公園。

## 大禮拜堂

　　哥德式建築風格的大禮拜堂興建於1997年，共有十層樓，而其中的大禮拜堂空間，可容納1,500人，設有荷蘭管風琴廠佩爾斯（PELS & VANLEEUWEN）以手工製造的巨型管風琴，也是台灣第一台32呎音管的管風琴。

　　我在館前畫著正前方的牛津學堂，S型的小路貫穿兩旁色彩繽紛的花圃，與學堂建築彼此爭豔。所以，畫面上要以哪個作為主角，還一度讓我傷透腦筋呢！

　　姑娘樓、牧師樓、馬偕故居都屬於真理大學的校產。校園裡的美麗建築與充滿歷史故事的各個角落，吸引許多網美來此取景拍照。據言此校學生畢業後對學校的評價竟然只有四個字：無可挑剔！真是令人感到驕傲的字眼。我想，在馬偕博士的愛的照耀之下，到此一遊的人們肯定也獲得了正能量的最大值了！

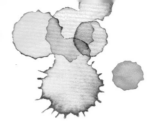

# 淡江中學

中西合璧，懷古幽情

　　第一次認識淡江中學是在1993年，南方二重唱的〈相知相守〉MV，就是在淡江中學八角塔外椰樹林立的廣場拍攝的。2007年因為電影《不能説的祕密》在此拍攝，因而紅遍整個華人地區，周杰倫與桂綸鎂對戲的場景也成為粉絲追星必去的地點。

　　馬偕博士創辦牛津學堂、淡水女學堂，歷經清朝、日據時代、民國，漸次發展為現在的淡江中學，其中最有名的是三合院格局的八角塔，落成於1925年，被譽為台灣中西合璧的經典建築。因安全考量，上課期間校外人士不能隨意進出。

## 校史館

　　走進校門，左方有座偕叡廉紀念公園。偕叡廉是馬偕博士的兒子，於1911年底取得教育碩士學位後，與新婚妻子返回淡水籌辦中學，1914年3月9日獲得日本總督府設校的許可，創校於原牛津學堂的位址。

校史館

過水廊

大禮拜堂

而這一天，正好與馬偕博士42年前登陸淡水是同日期，無巧不成書，就此成為淡江中學的校慶紀念日了。

　　由吳威廉牧師設計，1910年完工的校史館，曾經是「婦學堂」，或稱作「真樓」，應該是台灣最早的媽媽教室，有別於另一棟給女孩子上課的「淡水女學校」，又稱「善樓」。制服是灰色上衣與藍色百褶裙，從1958年沿用至今喔！以排灣族的石板屋作為教室，一旁還有兩座牛拉車雕塑，作為鄉土教學之用。最後走到農村文物館，是很台式的紅磚瓦平房建築。

## 大禮拜堂

　　建於1965年的大禮拜堂曾是遠東最大教堂。在日據時代是沒有牆面的風雨操場，作為重要集會及聽校長訓話之用。如果你曾聽過老淡江人說，他曾經當過學校「廟公」，就表示他曾經是住過這個體育館鐘塔的工讀生，是真實的玩笑一則喔！

　　大禮拜堂正前方有棵約30公尺的南洋杉，是校長陳泗治先生於1967年種下的，樹苗來自淡水北新莊，長大後也變成淡江中學的聖誕樹。每年12月的第一個禮拜三晚上，會在樹上張燈結綵地點亮一個月。

八角塔

與大禮拜堂呼應的「埔頂鐘聲」鐘塔，
建於2004年。早上8點與下午5點會各敲
一次鐘，是學校為紀念馬偕博士當年「校
長兼撞鐘」的草創時期而設立的意象。上
面的鐘是荷蘭製，並不是當時的鐘喔！當
時的鐘是馬偕博士的茶商好友陶德船上的
鐘，送於牛津學堂成立之時，最終塵埃落
定的地方是在陽明山上的神學院。

## 過水廊與八角塔

經過橄欖球紀念碑，走在台灣最早的橄
欖球場旁邊的林蔭紅磚小路，一路通往盡
頭，顯眼的紅瓦綠牆、偏閩南式房屋的體

育館就在眼前，建於1923年，與八角塔是
同一位設計師。

我最喜歡的是用來連接體育館通往八角
塔的過水廊，它的向位是有考據的。當時
沒有任何遮蔽物，視線可從馬偕墓園穿向
過水廊遠望出海口夕陽西沉的景象，是淡
水八景之一的「海口嚥日」。

從過水廊走進最知名的八角塔，正下方
的室內中庭，有三個鑲有校徽圖騰的窗，
圖像意涵是攤開的聖經置於十字架上，是
創校校長偕叡廉設計的。仰頭便可看見二
樓牆面上，掛有陳澄波先生1936年的油畫
〈崗〉，是將原作圖檔燒製成八片陶板組成

體育館

的作品。經考證，大約是從現在的七條通畫向學校的寫生，真是無價之饋贈。廊道裡就是《不能説的祕密》拍攝地點之一了，「鬥琴」、「舞會」等場景則是在女生體育館裡，目前為淡江中學附設幼兒園。林鳳嬌主演的《碧雲天》，還有林青霞首部電影《窗外》，也都來八角塔取景拍攝過。

1956年時學校分為男生部與女生部，管理相當嚴格。於是八角塔前看不見卻不可跨越，分隔男女的38度線，就成了有趣的校園真實傳説，例如保健室在星期一、三、五給男生使用，女生則用二、四、六；每年只有12月23號下午6點至6點20分的聖誕晚會，男女學生才能見到面等等。

繞完一圈淡江中學，錯綜複雜改制的歷史名詞就還給校史去做紀錄，而校園的美與許多趣事已經深刻在我腦海裡，當然，畫幾幅速寫作為紀念則是一定要的！

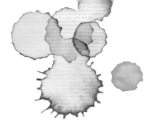

# 淡水女學堂 第二崗
## 台灣女子教育濫觴

　　現址為淡江小學的淡水女學堂，在1884年可是台灣第一所女子學校喔！當然也是馬偕博士的創舉。

　　清朝末年，西風東漸。然而馬偕博士在傳教期間，深刻感受到婦女的知識與地位在傳統保守的台灣，依舊相當閉塞與卑下，想要改變與提升的念頭油然而生。也由於1882年牛津學堂順利成立的鼓舞，便計畫婦女教育的工程，更為此回加拿大向婦女團體爭取經費。隔年，獲得加拿大長老教會婦女海外宣教委員會的支持並募得款項，於同年秋天在牛津學堂東側開始興建女學堂。1884年1月19日，開創女子教育先河的淡水女學堂正式開學了！

　　開學典禮由當時的英國領事主持，一共有37名女子入學，由馬偕博士擔任校長，馬偕夫人和幾位傳道師師母為舍監與教師，也有牛津學堂的教師來此授課。為鼓勵婦女入學，除了免學費，還補助旅費、膳宿與服裝。由於「女子無才便是德」的

觀念根深蒂固，學生大半是來自宜蘭的噶瑪蘭平埔族人，漢人女子少之又少。女子學堂並無學年與學分，更無學齡的限制。課程有讀書、寫字、歌唱、算術、地理，還有婦女技能、聖經歷史與聖經教義。同時也為無法在學習時間受教育的婦女開辦夜間部，稱之為「夜學」。

　　1901年馬偕博士逝世之後，學校一度停課。為了充實新時代北台灣的婦女教育，還特別選派兩位年輕女宣教師來淡水展開第二波興學。1907年重新開學，入學年齡

限制為12歲以上。後來舊校舍逐漸不敷使用，我們現在所看見的建築，是1916年由當時北部教會領導人吳威廉牧師籌劃與建造啟用的新校舍，也稱「善樓」，並增設高等女子部，更名為「淡水高等女學校」。為了方便畢業生到日本進修大學教育，除了少數課程仍以台語教學，大部分都改用日語與國語的方式。

站在綠色草坪面對此棟建築，可欣賞到當時洋樓建築的特色，磚拱迴廊與綠釉花瓶欄杆，正面山牆以磚雕陰刻「淡水女學校」等字的中英文，現在還看得相當清楚。超過百年的校舍，在藍天白雲襯托下依舊美麗如昔。

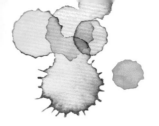

# 失戀橋 第二崗

既然有重建老街的戀愛巷，當然也會有失戀橋。不過取名失戀橋是刻意的負面表述，原意也是戀愛橋與情人橋的概念，只是因為沒有一對會有結果，所以笑稱為失戀橋。

我在傳說中「把風」的位置看著眼前的觀音山景，已經看不見右後方的失戀橋遺跡。我的正前方有一個通往下坡的階梯，也是作家鍾肇政筆下通往河邊的「海岸線」，後側通往淡江中學校門，左側通往小白宮正門，戀愛的地點就在三公尺外小白宮側門的凹陷處，地點隱密，各方都看不進來。

失戀橋位置宛如四條通，方便「以看風景之名行把風之實」，防禦教官、訓導主任等長官從四面走近，這戰略地位果然重要。只要有任何狀況，幾位講義氣，一起壯膽的「把風者」便會發出訊號，此時大家就若無其事地各自散人。畢竟在那個含蓄保守的50年代，高中生談戀愛是要被

處罰的，卻也因此，每一種躲藏遮掩的方式，現在聽起來都更顯得浪漫與詩意。那種隱隱約約的情愫，真不是這年代隨性當街就擁吻起來的學子們所能體會的。

60年代之後，失戀橋向下通往滬尾漁港的這一條石階，變成了淡江橄欖球隊魔鬼訓練時的衝刺坡道。走到世紀末，由於校園禁菸，老師只好出校門來此賞景抽菸。後來石階就被躲在坡下偷抽菸的學生取名為菸道，失戀橋從此變成歷史名稱。

所幸，淡水觀光興起，旅人們開始高度重視深度文化之旅。埔頂上的洋樓古蹟逐一被修復整建，關於發生在小白宮邊上失戀橋的校園逸事，也再度被提起。

72

我想在把風位置，畫一幅古早時候戀愛的背景。
突然看見觀音山蓋上雲帽了，得趕快下坡去，因為要下雨了！
失戀橋，下次見啦！

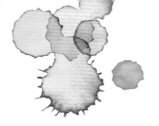

# 小白宮

## 前清淡水關稅務司官邸

### 靜謐柔和的美

相對於紅毛城的喧嚷，建於1870年西班牙白堊迴廊式建築的小白宮，彷彿延續著百年前稅務司官邸的寧靜氛圍，映入眼簾的是一大片綠色草坪，最遠處還看得到圍牆裡紅瓦白牆貌似高雅的平房，那不是小白宮本尊，只是給遊客使用的洗手間喔！

繞過這片綠意，左轉石板小路，我畫完了小白宮側面四個半圓拱圈迴廊，再走進有11個半拱圈的寬闊白色涼台長廊，一覽無遺的觀音山淡水河，連安靜地待著都是一種享受，怪不得新人喜歡在此拍婚紗，感受到的是悠閒的幸福。

這裡最早須追溯至清朝與英國簽訂的〈天津條約〉，以及1862年淡水開港後的歷史。在通商後，關務繁雜，洋關人員日益增加，就在埔頂的居留地興建洋房作為居住官邸。不平等條約解除後，洋關撤台，小白宮因疏於管理漸趨沒落。1996年時，曾一度要被報廢建造大樓，所幸經過淡水的學者專家、地方人士及團體，發起拯救小白宮計畫，於1997年被正式公告為第三級古蹟。

小白宮裡，有前輩畫家何肇衢先生的九幅早期淡水風景畫的複製品，可以慢慢欣賞。宴客廳裡用了大螢幕介紹關於小白宮的風華年代。在1895年台灣割讓給日本以後，這裡就成了休閒場所。2005年7月7日更名為清朝淡水稅務司官邸，回到歷史賦予它最初的任務。因為外觀漆成白色，所以俗稱為小白宮，原來的屋瓦是黑色的，也在整建後變成紅瓦了。小白宮每天都有開放。

有一首詩是這樣改寫的：「水光瀲灩晴方好，觀音坌濛雨亦奇，若把淡江比西子，出遊常住兩相宜。」無疑已為它寫下最美的註記。

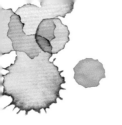

# 馬偕故居

第二崗

馬偕紀念館

博士親自設計監工

6月中旬，頂著豔陽在真理大學畫牛津學堂。兩位住淡水的朋友要找我一起吃晚飯。我畫完後他們也剛好上埔頂。傍晚，我們從教師會館旁的小路經過網球場，看見馬偕故居，最靠近真理街那一頭的兩層樓紅瓦白牆屋，是馬偕博士加蓋的讀書樓，外觀雅致。

有別於其他幾棟磚拱迴廊式的紅樓，馬偕故居屬於西班牙式白堊孤狼建築，建於1875年，由馬偕博士親自設計監工，建材全由廈門購入。博士在此建立家庭，也在此辭世。

在二次大戰初期，這裡曾改為安樂寮，收容失去家庭的婦女住宿靜養。二戰末期充作彈藥庫，戰後，博士的次女在此住到年老。在用作真理大學的圖書館之前，是淡專英文老師宿舍。

🕐 週三～六10:00～16:00
💲 免費參觀

走在白色迴廊前的階梯上，突然一個踉蹌，跌了一大跤。在兩個大男人四目瞪瞪來不及反應及尖叫之下，五秒鐘內我已一邊大笑一邊爬起並站得好好的。在哪裡跌倒，就把哪裡畫起來，以茲紀念。

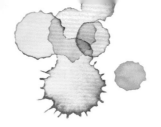

# 姑娘樓 <sub>第二崗</sub>

「姑娘」一詞，是台灣與中國閩南一帶對那些犧牲青春年華與婚姻幸福，到國外服務的單身女宣教師的尊稱。

馬偕博士辭世之後，後繼者吳威廉牧師將教會形式整合為外國宣教師與本地教會領袖共同領導。他們於1904年向加拿大長老教會發出建議書，一是派兩位合格的單身女教師前來進駐淡水女學堂，以充實新時代的婦女教育，二是興建合適的中學或預科學校，以提高神學校之水準。此二項被認為是催生今日的淡水中學很重要的歷史性提議。

於是在1905年的11月，金仁理姑娘（Miss Jane Kinney）與高哈拿姑娘（Miss Hannah Connel）兩位女宣教師遠從加拿大來台，擔綱婦女教育的重責大任。為她們尋找落腳之處，也成為必須解決的問題。於是，姑娘樓在1906年落成，坐落於馬偕故居旁，是吳威廉牧師繼偕醫館、牛津學堂、女學堂之後的建築作品。也是磚拱迴廊、綠釉花瓶欄杆的兩層樓洋房，作為高姑娘與金姑娘的宿舍。後來德明利、黎瑪美、安義理、杜道理等知名的女宣教師都在此住過。二次大戰期間，一度成為淡水中學的男生宿舍。1999年改制為真理大學

之後，便作為校長室。感謝校方對於古蹟的保存不遺餘力，我們才能繼續在花木扶疏的埔頂，看見歷史的痕跡。

牧師樓

姑娘樓

## 漫 遊 散 策

　　真理大學校區內還有一棟宿舍，牧師樓，建於1909年，殖民式紅磚迴廊建築，由吳威廉牧師設計，是為了協助馬偕醫師傳教所蓋的宿舍。大門是東方式的拱門，二樓用餐區則是西方式迴廊。偶遇負責人林國勇先生，得知這個藝文空間即將結束營業，校方將另作規畫，縱然覺得太可惜，也只能珍惜還能來此的日子。

　　點了一壺熱茶，在戶外庭園速寫著下午三、四點的陽光。今日淡水河邊的風有點大，吹得頭昏腦脹，我卻捨不得進入石磚小房裡，因為綠草如茵的庭院面對的可是廣闊的藍天白雲啊！忍住風，忍住惋惜，畫下此時此刻的牧師樓才是最重要的。感謝馬偕博士留下的愛，才能有這樣的好地方。

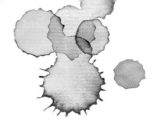

# 多田榮吉故居

百坪日式私宅開放參觀

多田榮吉，是日據時代淡水的街長，相當於現在的區長。因為喜愛淡水，退休後買下了埔頂山坡這一片將近百坪的畸零空間，於1937年建蓋標準木造日式私人宅邸，也是他送給自己70歲的生日禮物。室內約有30坪的居住空間，更是淡水及全台第一戶有自來水的民宅。

以台灣檜木搭建的多田榮吉故居，2016年7月才對外開放，可以從淡水圖書館旁的天橋過去，也可以跟我一樣，從紅毛城旁走上斜坡逢叉路向右即可到達。

一進大門天寬地闊不說，矮籬外觀音山淡水河更盡收眼簾。前院小水池的睡蓮已經盛開，正門旁高高垂鬚的老榕樹像是庇護此屋的衛兵。這片詳和寧靜的氛圍，讓我才站在這裡一會兒，已經有家的感覺。

比較特殊的是水池旁的緬梔樹，應是殖民時期引進的，樹上長出的雞蛋花通常作為供佛之用，由此可猜想多田榮吉的信仰。很幸運地遇到文化工作者李東明先生為我解說這個空間，一旁也有林振寅先生虛心實習志工中。

我最愛這間屋子的前緣側，它是屋內與庭院之間的過渡，是一個開放式、或坐或躺的休閒空間。在日式官作宅邸中，是相當少見的特殊樣貌。以靠河的這一面作為公共起居空間，另一邊則是餐廳與主臥，

簡單不奢華的規畫，是多田榮吉心目中的理想屋。我的心裡不禁應和，這也是我的理想屋。

為了畫前緣側，我就坐在屋前的榕樹旁，並盡量不要擋到遊客的出入。有幾個遊客剛好在這裡擺姿勢自拍，瞬間快速抓兩枚來入畫。雖然身上灑滿防蚊液，仍敵不過蚊子大軍肆虐，只好抱著捐血一滴，救蚊一命的信念忍住。

沿著屋外石板走去，還有蓮霧樹、樟樹和楊桃樹相迎。後方角落有一間小小的多田榮吉賣店，屬於淡水博物館的文創商店，裡面有多田紀念胸章、魚骨頭酥及台中品牌百二歲冰淇淋，而冰淇淋的杯蓋上都是淡水古蹟建築群的圖騰。

來這個新景點參觀的人真不少，可能是環境太舒適了，許多遊客常忘了拿齊自己的東西就離開這裡。我邊畫邊聽見一名志工自問自答地嘟囔著：「誰的東西又沒拿了？管他，等一下就會回來拿了。」可見

這情形並不是第一次發生，果不其然，有個人匆匆忙忙地闖進，拿了東西又匆匆忙忙地走了。還好，台灣的道德教育一直不斷宣導與提升，失物都得以招領，這一點還滿值得按讚的呢！

終於「捐完血」，感覺午後雷陣雨即將發生，迅速收拾，先把前緣側念念不忘地放在心上，然後找個地方躲躲逛逛，祭祭五臟廟再說囉！

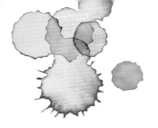

# 媽媽嘴 <small>第一崗</small>

## 平價供應專業咖啡與輕食

由於多年前的社會版面，八里左岸的媽媽嘴一夕之間成了名店。有一天竟然低調地出現在淡水古蹟園區裡，替代了「不是咖啡店」的招牌。原以為它是從八里原址搬到這裡了，了解後才得知是淡水樂活分店。想想真不容易，因新聞無辜波及，是需要多麼堅定的意志才能再次爬起。但，去過後就會知道，它會成功仰賴的並不是版面，而是服務的專業與誠意。

久聞媽媽嘴的招牌特調咖啡非常好喝，還搭配了一份服務生推薦的舒肥雞腿漢堡套餐，依照服務生介紹，雞肉排是自家中央廚房醃製的，以低溫熬煮，吃起來的口感才會水嫩，不會柴柴的。我坐在一樓專門給單人來消費的一整排落地窗景觀座位區，在店內播放的輕快Bossa Nova音樂聲中慢食。

吧台就幾乎占了一樓二分之一的面積，黑板上洋洋灑灑的活潑圖案出自員工粉筆手繪，除了當作背景裝飾外，也兼具輕食菜單的功能。另一個區塊擺設自八里本店樓上烘焙場完成的咖啡豆，新鮮的豆子每週五進貨。還有一個小區是「飛」行計畫試喝區，每個月都有來自各地產區的幾種豆子，有中焙與深焙，讓客人在購買時有更多選擇。減糖的蛋糕甜品也是由中央廚房新鮮製作，每一種都以平價供應。我還看見桶裝免費供水，自助調理抽屜裡有刀叉、果糖、砂糖、奶油球和牙籤攪拌棒，一切都大方地擺著，任顧客取用。

二樓的景觀延續一樓面向淡水河的景深高度，是沒有隔屏的開放式空間，可讓公司團體預約，也稱之為森林聚場。洗手間在三樓，透明的天花板將自然光引進來，也是我很欣賞的部分。雖然位在寧靜的古蹟園區裡，平日依舊門庭若市，我想它賣的不僅僅是輕食，也是店家處處為顧客著想的美麗心思，一點一滴的善意都成為它令人印象深刻的地方。還有，忘了說它的特調，還真的不是傳說中的好喝而已，平常只喝黑咖啡的我竟然就這樣上癮了！

從媽媽嘴右側過去會連到滬尾砲臺。

坐在媽媽嘴外面可賞關渡遠景。

長長的吧台幾乎占滿一樓二分之一的面積，
黑板上畫著活潑的粉筆彩繪，兼具裝飾及菜單功能。

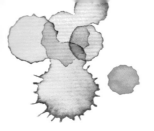

# 一滴水紀念館

滴水之恩，湧泉以報

＊ 第一崗為淡水古蹟園區

穿越和平公園後就是一滴水紀念館，周圍是淡水高爾夫球場的腹地，沿著綠色坡地而上，規畫算算清爽。平日裡來訪的人不多，可以獨享這片寧靜。不過，蟬聲倒是不絕於耳。此時突然想起網路上一則笑話：「小時候曾抓住一隻蟬，浪漫地以為抓住了整個夏天。長大以後，媽媽告訴我，我當時抓住的，其實是一隻蟑螂。」

「滴水之恩，湧泉以報。」這就是一滴水紀念館所要表達的概念。館內文獻記載，紀念館存在於此，緣起於日本阪神大地震與台灣921地震的互動，是一場國民外交的成就。從2004年至2009年經歷了五次遷移，超過1,300位移築志工滴水的奉獻，最後在淡水區長蔡葉偉的大力支持下終於塵埃落定。

進館前，需更換館方準備的拖鞋，然後保持安靜入館內參觀。內部設置了冬天圍爐的炭火，吊掛中段的鯉魚鑄鐵代表蒸蒸日上之意，繼續把頭抬往被燻黑的檜木屋梁上，有個紅布包，日本人稱之為「棟札」，裡面是這個房屋的相關資料，例如此屋建於1915年日本福井縣……。同時附上設計師和工匠師傅的名冊。與它綁在一起的還有一雙已經看不出來是草鞋的草鞋，夾腳的部分已被剪斷，代表不能穿著走了，有落地生根之寓意。

沿著參觀動向，這裡也展示1919年生

內部有冬天圍爐的炭火，
吊掛中段的鯉魚鑄鐵代表蒸蒸日上。

82

穿越和平公園後就是一滴水紀念館，沿著綠色坡地而上便抵達。

於福井縣的日本現代名家水上勉的全集著作。而這棟建築恰巧是水上勉的父親水上覺治，承襲傳統日式房造技術，親手打造的。另一個空間展示1924年生於神戶原町，本籍台灣，生於台北的推理小說家陳舜臣的代表作，如《阿片戰爭》、《太平天國》、《秘本三國志》等等。

最後是典型日式民居沏茶奉客的一方斗室，也是日本茶道文化重視當下，認真對待一時一事的精神。

漫遊散策

──離開時記得要換回自己的鞋子喔！還有，當我畫著圍爐意境時，發現雖然室內乾淨也有空調，但還是有小黑蚊，所以防蚊的工作一定要做好，才能全身而退。

輕描淡水

83

淡水五虎崗：第一崗

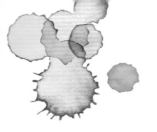

# 淡水高爾夫球場

名將輩出，國際高球舞台發光

※ 第一崗為淡水古蹟園區

　　古蹟園區裡，有一座建於1919年的老淡水高球場，緊鄰滬尾砲臺與一滴水紀念館，為台灣第一座高爾夫球場，它在清朝時，可是軍隊的練兵場！1941年太平洋戰爭爆發之時，被日軍劃為軍事要塞，1945年美軍空襲駐淡水的日軍，球場因而滿目瘡痍。直至1952年，百廢待舉的球場在美軍的管理之下才恢復元氣。正當百年之際，又被評選為亞洲百佳球場第五十五名，是台灣唯一入選的球場。依山傍水，百年來不僅照顧了許多淡水人的生計，所成立的「台灣高爾夫球俱樂部」也蘊育出相當多的名將，在國際高球舞台上發光發熱。

　　出生於1910年的陳清水先生球技出類拔萃，是首位遠赴日本研習球技的選手，也是台灣第一位高爾夫球選手。出生於1911年的陳金獅，國小畢業後便在俱樂部擔任桿弟以貼補家用，曾赴日比賽，也在俱樂部教球，對於高爾夫球有深厚的學理基礎。他參與許多球場的設計與建造，像新淡水、大屯、松柏嶺、花蓮、礁溪、林口的球場，都是出自其手，被譽為「台灣高爾夫之父」。1931年出生的陳清波在日本高爾夫球壇屢獲冠軍，日文根基相當好的他，著有《現代高爾夫》、《現代高爾夫續集》、《陳清波與高爾夫》等日文暢銷著作，更於2015年榮登日本高球界最高榮譽殿堂「日本高爾夫名人堂」。涂阿玉，響噹噹的高壇球后，是唯一獲得日本女子最高榮譽「終身永久出場權」的選手，在這個世代應是最為人所知的，2017年，以62歲低齡成為史上榮登「日本高爾夫名人堂」最年輕的外籍女子選手，同時也是第一位以「選手競技表現」獲此殊榮的台灣高爾夫球員。（以上資料來源：〈台灣高爾夫俱樂部100週年特刊〉）。

　　球場位在五虎崗的第一崗，高低起伏的丘陵地勢，造就天然的球場優勢，是標準的18洞球場，青翠果嶺球道上的每個洞都因一甲子老樹的光與蔭、太平洋的風向變換，而有不同的攻略，呈現美麗的視角。這裡從第一座球場就已成為最經典的球場了，也是重要的文化資產。我不會打高爾夫球，只在球場邊上放眼望去一片青草綠，感受一組一組在球場上優雅練球的人們，以不疾不徐的腳步，在蔚藍的天空下過著另一種閒適的日子。

今日畫的是最靠近休息區的球場上，慶祝100週年的紀念碑裝置藝術，相當好看。

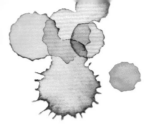

# 滬尾砲臺 <sup>第一崗</sup>

保家衛國的暗砲台

✗ 第一崗為淡水古蹟園區

　　滬尾砲臺的外觀就像一座四面高聳的城牆，往雲門劇場的小路上，視線只要稍微偏左便能看見，是1884年清法戰爭之後，由台灣首任巡撫劉銘傳於1886年聘請德國軍事將領所建，屬於德式砲台。他在城牆上題的「北門瑣鑰」四個大字，說明它是台灣北部戰略地位的一把鑰匙，後來並沒有經過戰爭，保存算是完整。

　　站在門外所看到的四面牆稱為子牆，藏在六公尺高、又寬又厚的母牆裡，作戰時不容易被發現，所以滬尾砲臺又被稱作「暗砲台」。經過歲月侵蝕，母牆早已消失殆盡。還有一個砲台在河口，稱之為「保固東瀛」，是沒有母牆可隱藏的明砲台，但現在已經不存在了。

　　穿過北門瑣鑰的涵洞，成排的蓮霧樹，一棵棵結實纍纍，是二次戰後駐紮在此的國軍栽種的。我看著一群從桃園來戶外教學的小學生撿光了掉在地上的蓮霧，他們今日有豐盛的水果大餐了！牆邊有兩個橡木桶水泥模，是當時為了將子牆補強，所以從英國海運進口含鐵質的水泥，這兩桶是剩料。橡木已腐朽至消失，而裡面的水泥因為受潮後又乾掉凝固，因此成了橡木桶模，就留在牆邊一起展示。

　　就地取材以唭哩岸石與觀音石砌成冬暖夏涼的四面甬道，是士兵的寢室，也是儲藏、辦公及日常生活的空間。目前這裡有

設兩個螢幕，展示虛擬的英製阿姆斯壯後膛砲及德製克虜伯後膛砲的示意圖，遊客先看過示意圖，再走上戶外砲台區，就能更清楚明瞭。其中有一個彈藥庫裡曾出現四隻蝙蝠，白天單腳倒吊休息，晚上出去覓食，也成為這裡的奇觀。

　　戶外有個最大的砲座，雖然已經沒有真正的阿姆斯壯大砲架在上面，圓形軌跡依

城牆上的「北門瑣鑰」四個大字，是台灣首任巡撫劉銘傳所題。

戶外砲台區的圓形砲座軌跡依稀可循，可惜已沒有真正的阿姆斯壯大砲架在上面。

稀可循。可喜的是，在2018年4月，淡水古蹟博物館已經委請台科大同學製作電腦模擬設計，只要站在中央，就能與虛擬砲座拍照留念，我正好看見許多排隊的人，大家拍得不亦樂乎。將現代科技與歷史接軌，也算柔化了這個嚴肅的軍事基地，多一項趣味的功能。

站上五零機槍砲座遺址，視平線的高度剛好能看到一棵構樹的樹梢，製鈔用的紙漿便是來自於構樹，有紅色的果實，膠質多，呈黏稠狀，也可製成衛生紙，雖然野

外都有，但容易錯過，在這裡巧遇，一定得好好看看它。

這裡雖然位在淡水五虎崗第一崗的制高點，卻因為是暗砲台的緣故，台面上有多種高大植物生態作為遮蔽，所以無法登高望遠。它的視野只能往中央底下看，想像四面甬道圍成的廣場上，曾經在此保家衛國的將士們操兵與生活的狀態。走出牆外，再看一眼1985年公告為二級古蹟，現為國定古蹟的北門鎖鑰，我沒有多停留，因為突然下起雨來了！

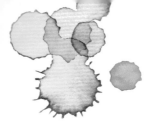

# 雲門劇場 <sub>第一崗</sub>

## 感性的舞動節奏

※ 第一崗為淡水古蹟園區

「雲門舞集」這個響譽國際的名號在台灣幾乎家喻戶曉，雲門劇場在2015年正式開始對外營運。第一次來這裡是朋友邀約觀看經典舞碼，印象中是三年前的一個週末下午，隱身在古蹟園區裡的它，讓我有種莫名的驚喜。在綠劇場觀舞的中場時間，背景屏幕被打開，淡水出海口映入眼簾，將大自然納入舞台設計的巧思令我印象深刻。精采的演出結束時正值黃昏，我走到戶外平台享受紅澄澄的夕照與遠方逆光的朦朧漁船身影，差點以為出現海市蜃樓，還被朋友嘲笑，這就是我與雲門劇場初次的浪漫約會。

往後，我就常來這裡走走了。車子停妥後，我喜歡慢悠悠地，邁著慵懶的步伐向滬尾砲臺旁一條小徑走去，經過兩旁像是迎賓的路樹，接著會看到現代而壯觀的雲門劇場。穿越它的感謝牆走廊，直達令我貪戀的日光平台，西曬之後有著舒爽的溫度與氣息，這裡應該是古蹟園區裡能看到出海口最舒適的制高點。走下階梯，經過羅曼菲起舞的雕像，還可進去星巴克喝杯咖啡。

## 新舊概念融合

雲門的建築外觀像一艘大船藏身在山上，這是我對它的感受，而它又坐落在出海口不遠處，符合我對地緣關係的想像。不過也有人說長得像雲。不論像什麼，所有的主觀視覺都在激發它的藝術廣度。一、二樓的排練場原來是中央廣播公司的閒置空間，目前為紀念性建築。綠建築大師黃聲遠先生借用環境特質，將新概念與舊建築融合一體，站在中央廊道就清楚明白，從任何一個角度都看不出違和的接縫，巧妙地讓2015年的當代雲門矗立在1886年的滬尾砲臺與1919年的淡水高爾夫球場之間。從入口處一直連到以白色蜘蛛蘭點綴的日光平台，還可欣賞朱銘大師慷慨支持借展的〈人間系列〉雕塑作品。入口走廊的木飾感謝牆上，洋洋灑灑刻著4,150位捐獻經費的善眾姓名，同時也具有裝飾功能。看著看著竟有些感動，畢竟這是台灣第一個用民間的捐款力量蓋成的中小型劇場。

## 成為都市的肺

雲門除了有自己的專屬團員之外，也接受其他團體來演出。戶外空間完全不收

雲門的建築外觀令我聯想到一艘藏身在山上的大船。

逛完雲門各空間後，可到一旁的玻璃屋星巴克坐坐。

門票，不僅與藝文團體分享，也和民眾分享。有著寬廣胸懷的創辦人林懷民老師，希望這裡能成為都市的肺，讓大家來此更新呼吸。為了感謝各界的幫忙，雲門用他們的專業將這份感激回饋給需要幫助的許多團體，讓他們先在此排練演出，等穩固基本功後，再協助建構行政與行銷等工作與國際接軌，並安排回到能容納450人的雲門綠劇場演出。其中，「流浪者計畫」已廣為人知，十多年來支持超過90位有夢想的年輕創作者，他們也將探索與收穫帶回雲門分享。只要符合熱愛文學音樂、表演藝術、城鄉發展、人道關懷、文史工作等，都能上網提出申請。

從雲門小徑走來的感性，到日光平台賞景的即興，並穿越代表雲門16年的「穿越」裝置藝術，再到大樹書屋知性地喝杯咖啡、看看書，或在一旁的玻璃屋星巴克坐坐，體驗彷彿舞蹈一般的躍動節奏。這裡從來不會讓我流連忘返，因為我可以常常來，把新鮮的氣息帶回家。

淡水老街

# 淡水老街

老街販賣的不僅僅是故事，更擺放著一攤攤旅人的鄉愁，

食物在歲月裡浸潤發酵的酸甜苦辣，會在唇齒相遇的剎那穿越時空，

直搗牽繫這份情感的味道，好讓記憶像鳴放中的空襲警報，

地毯式轟炸每一個念想細胞。

泛黃，瞬時翻轉成絢爛，淚光，頃刻閃耀著美滿。

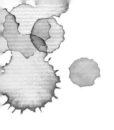

# 海風餐廳

　　只要是老淡水人，這家1962年開幕的台菜海鮮餐廳幾乎是無人不知，無人不曉，四層樓高的店面，入口處是開放式的海鮮櫥窗，魚、蝦和蟹任君挑選，煎、炒、煮、炸隨你喜歡。一眼望進店內，左邊一字排開的廚師們各自操控鍋鏟與火候，陣仗浩大，節奏鏗鏘，像是一場精采的演出。

　　若說〈維納斯〉、〈勝利女神〉與〈蒙娜麗莎的微笑〉堪稱法國羅浮宮的鎮宮三寶，康丁斯基的抽象畫是紐約古根漢的鎮館之寶，那「炒螃蟹」肯定是到海風餐廳不可不點的鎮店之寶！記得南方二重唱發片期間，只要來到淡水的校園演出結束後，我們的宣傳人員一定會繞到這裡犒賞大家的辛勞，而每次必點的就是招牌菜——炒螃蟹。

　　新鮮螃蟹與切絲洋蔥在鍋中用大火快炒，再淋上蛋液，翻攪至熟透。它介於清淡與濃醇之間，很適中的口味。螃蟹已被處理得很容易下口，連細碎的洋蔥蛋沫從來都吃到一點不剩，真的不誇張。

　　現在是第二代小張先生傳承經營，問他還有沒有推薦菜色，他低調而客氣地說：「沒特別推薦，炒螃蟹是基本，海鮮隨著季節更換，希望顧客都能吃得滿意。」就這樣，言簡意賅。就這樣，我也餓了！

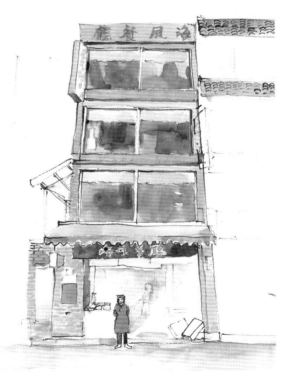

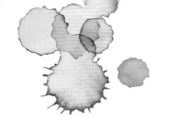

# 滬尾餅鋪

健康蛋奶素的傳統餅店

餅鋪與老淡水的生活息息相關，在那個普遍辛苦的年代，是正餐之外的營養補充品。老街上的餅家不計其數，網路上被評為四大餅鋪的三協成、新建成、雙元成、新勝發，多為婚嫁囍餅的首選，買來當伴手禮的人也多不勝數。擁有獨特口味與良好服務品質的滬尾餅鋪雖在榜外，卻在我心中異軍突起，當然也是網路名店之一。

店內提供試吃的各樣餅品擺了一長桌，有芋泥麻糬、綠豆餅、芝麻蛋黃餅、太陽餅及牛軋糖等等。這麼大方的劉老闆是做麵包起家的，2001年才從雲林北漂來淡水初試啼聲，以西點功夫打底，區隔傳統味，卻在老街一鳴驚人，前後不過18個年頭。開店之前，因緣際會地參加了禪修班，茹素成了生活習慣，所以產品都是蛋奶素，包括咖哩、素滷肉和煉乳。因為講究天然健康，所有食品都是店裡的師傅親手熬製而成，沒有任何添加物，賣得心安理得。

最特別的花粉酥，是採用龍眼花的花粉。當蜜蜂採花蜜時，腳會沾黏到一顆顆的黃色花粉，鑽進蜂巢之時，花粉會卡在蜂巢上。蜂農將潮濕的花粉乾燥化之後形成豐富的酵素，擁有天然的色澤，這是獨家口味。他開玩笑說，只是有個缺點，吃多了會胖。牛軋糖是擺在店外的前鋒，有原味、芝麻、蔓越莓及咖啡等四種口味。

因為是糖，保存期限較長，且方便攜帶，最受旅客喜愛。而太陽餅餡料的甜而不膩，是被柔性化過的糖，彷彿在舌尖上跳舞，口感相當幸福。

那店裡的主打是什麼？老闆說：「健康啊！製作餅品時，是想著如何讓大家吃了身體健康，有了健康的身體才能聆聽好的音樂，觀看好的事物，有好的生活品質。」我猜想，就是因為劉老闆有這些好的概念，所以我看見每個店員都帶著親和的服務熱誠，這一脈相承的態度，讓顧客買得也開心。

劉老闆說他做的麵包不會讓人胃食道逆流，後來我收到他特別製作的吐司與菠蘿麵包，果真名不虛傳！

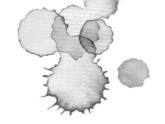

# 晴光紅豆餅

位於老街口左邊第三攤，源於台北中山北路的晴光市場。如果你吃過這家的車輪餅，那麼我個人認為，你應該已經吃過全台灣最便宜、最好吃的車輪餅了。

用大排長龍來形容它不太客觀，但如果攤子旁有預備護欄伸縮隔離帶，讓等候的顧客遵行方向，這可是不可多得的場面啊！川流不息才是形容這小巧攤位的真正狀態吧！寫著寫著，都為它驕傲起來了。

攤上有兩個大烤爐交互製作三種口味，甜而不膩口感鬆軟的紅豆、飽滿爆漿的香濃奶油，以及鹹脆不油膩的蘿蔔絲。出爐後會先分類堆疊，再繼續製作下一爐。平均每個客人買單的速度大約是：店家：「要什麼？」客人：「兩個紅豆、兩個蘿蔔絲、四個奶油。」店家：「好，一共96元。」差不多是這樣的對話，30秒內搞定！牛皮紙袋裡裝好了熱騰騰的車輪餅，顧客的臉上也堆起滿滿的笑容。每種口味外觀都長得一樣，不過如果拿錯口味了也不會怎樣，反正都超好吃。

這麼多年來，從每個十元的銅板價只漲了兩塊錢，咬下的每一口滋味都是店家的善意與廚藝，簡簡單單的小點心，竟如此讓人回味無窮，回頭客這麼多也不是沒有道理的。

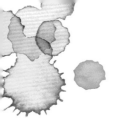

# 可口魚丸

**父子合作無間自產自銷**

　　包子饅頭配豆漿，是再正常不過的早餐搭配，但二十多年前第一次來淡水老街時，卻被這間包子配魚丸湯的可口魚丸小吃店驚呆。那是一種什麼口感呀？吃下第一口，感覺倒也合拍，但需要慢慢習慣這種搭配。

　　招牌上寫著50年老店，餛飩、肉包與饅頭自產自銷，牆上有一些感謝狀，也有2002年美鳳姐來採訪的照片，還有一張報紙寫著關於這家店的報導。我先付完帳，自助端餐到長條椅凳上，大概也因為晚了兩個小時來，才能有空位慢慢品嘗。一面看看篇幅內文，大略知道它的來龍去脈。

　　這家陳姓父子開的店，父親有做包子的本領，兒子小學畢業後遠至花蓮習得魚貨的保鮮與處理，兩人各專所長，在淡水渡船頭開起了肉包魚丸湯的小吃店。魚丸的原料是小鯊魚，有時加上當季旗魚，包上特製豬後腿滷肉餡後，再塑型成橢圓狀，就是淡水可口魚丸。當然，一定要撒上芹菜珠，再撒一下胡椒粉才十足夠味。

　　這家算是50元有找的銅板價，在老街逛累了，隨時走進來喝碗魚丸湯當點心，應該是不錯的選擇。最可愛的是，我看見大冰箱貼著7月1日至8月30日公休的告示，原來是深怕這季節漁獲品質不好，寧可關店跟著學生放暑假，也不要壞了幾十年的

招牌。充滿榮譽心與良心的召喚，我相當欣賞。

老街上的魚丸、魚酥店真的很多。有1950年創立的登峰魚丸店、老字號的許義魚酥與相鄰的合益魚酥，魚酥的作法跟口感有別，顧客可以各取所愛。

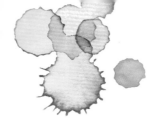

# 和利碾米工廠

當我在老街看到這家碾米廠時，簡直驚為天人。在物資繁盛、大賣場橫行的台灣，要買包米已經不用到傳統碾米廠了，而和利祖傳的碾米機卻仍擺在店裡。

和利的祖傳碾米機讓我回想起小時候在南部老家附近的「咪尬」（台語發音），這會不會也是另一種鄉愁？碾米機的底下還藏著一個寶物叫做「米斗」，我一時感動得眼淚差點飆出來，這個名詞不知道有多久沒有聽到過了。米斗的容量是11斤半，沒有秤子的時候，它是衡量稻子重量的器具，現在已經很少用了。

這裡的米大部分來自中南部的稻田，依舊是秤斤論兩地賣，糙米、蓬萊米、再來米、五穀米各式的米種。從六、七十年前重建街還是米市的時候，跨越中山北路那一頭的「水碓」開張。水碓一詞是碾米的工具，在興盛之時，重建街前段就是米的店家。米市沒落之後輾轉到老街經營，而兩層樓的「和利」舊址則完好如初。

第三代李老闆接棒後與時俱進，多元經營，像黃豆、紅豆、綠豆、花生等新鮮雜糧這裡都有，生意很不錯。我曾親眼見到特地搭計程車來買的老主顧，老闆親自相迎；還有不知如何烹調綠豆的婦人，老闆也耐心教她先泡水之類的方法，一幕幕像是回到純樸的年代，讓人感到放心與舒服的人情味，在空氣中悠悠飄蕩。

現今要買包米已經不用再到傳統碾米廠了，但和利的祖傳碾米機還擺在店裡供著，非常難得。

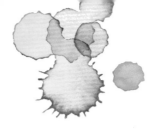

# 淡水紅樓中餐廳

6月的太陽相當熱情，但因進入梅雨季節時雨時晴的不穩定天候，我跟畫友決定選一個既可以遮風擋雨，又有歷史文化內涵的景觀餐廳用餐兼畫圖——1899年落成的淡水紅樓餐廳，無疑是最佳地點。

從老街中段走一小段階梯微喘上來。點完餐，不一會兒，服務生送來一盤高麗菜芥末籽醬沙拉，為我們點餐的洪小姐立刻驚覺送錯餐，但仍執意就送給我們享用，讓人感受到服務品質跟善意。我們誠懇地說聲謝謝，並表示想要知道有關紅樓的歷史背景，她說今天是她最後一天上班，並相當樂意在用完餐後為我們導覽，真感謝一次又一次的幸運降臨。

## 大起大落的紅樓歷史

淡水紅樓已經有120年了，是維多利亞式的洋樓，跟其他洋人區的洋樓一樣，外觀上有紅磚、拱圈迴廊、綠釉花瓶欄杆等特色。但內部是十足的中式牆面，以耐高溫、抗酸抗鹼、冬暖夏涼的唭哩岸石為主要建材，有60公分厚，隔間牆也有40公分厚，有如堡壘般的作用。

在大稻埕崛起的第一任屋主李貼和先生，是個與廈門生意往來的船商，1895年輾轉來到淡水，買下崎仔頂坡上這塊地蓋房，歷經四年，紅樓於1899年落成。多年後，因為他的兩艘商船在出海口對撞，一夕之間破產，因此必須賣掉紅樓還債，在此只住了13年。

第二任屋主是當時的淡水街長洪以南先生，他也是個詩人。買下紅樓這個舒適的環境，本意是為其妻養病，後來前方的庭園成為各方專精琴棋書畫的友人聚集的藝文天地。洪先生於1927年仙逝，後代子孫也搬回大稻埕居住，將紅樓暫時租給另一家族，多年後這家人也搬走了，紅樓隨即進入20年全然的廢墟期。

1966年，紅樓由現任老闆的爺爺洪先生夫婦買下，他在崎仔頂底下的老街經營德裕魚酥、魚丸起家，洪先生將紅樓由廢墟整建成外牆鋪上水泥的黃樓。到了1989年正值台灣錢淹腳目的時代，有建商看上紅樓，想要改建成12層大樓，但洪家祖母堅持留下老房，決定斥資修復。故事聽到這裡，不禁感謝起祖母高懷大德，不為利益綁架，我們才能看到現在的古典樣貌，也

我畫著磚砌與觀音山景，隨著畫筆，躍進了紅樓百年時空中。

能在此迴廊享受陽光午後。

## 期許未來的轉型蛻變

在迴廊安靜地畫著磚砌與觀音山景，畫進紅樓百年時空中。不久，被向我走來的一男一女瞬間喚回當下。原來是第三代現任的老闆洪先生，說是南方的歌迷，帶著兩瓶香草街屋的飲料來打聲招呼。彼此開心地小聊了一下並拍照留念，就各忙各的了。不久，擴音機裡傳來南方二重唱的歌聲，在古蹟裡悠揚，與蟬聲交響，真是何

德何能呀！嗯……咳咳，好啦！這一切純屬一個資深藝人無知而浪漫的懷想。其實是因為不久的週末，戶外平台區將有個卡拉OK比賽，所以正在試音響，一切不過是個誤會，哈！

紅樓可說是古建築修復後變成餐廳的第一間，第三代在傳承餐飲的經營脈絡中，同時也想嘗試各方面轉型。我也期待在不久的將來，能看見它的新風貌，讓淡水老街多一處令人喜新又念舊的空間，在此獻上無限祝福！

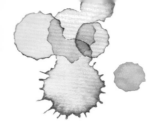

# 滬尾文物展示中心

農曆五月初五，淡水清水祖師爺陣頭從下午4點開始夜巡，文化工作者陳耀旭大哥被委任為遶境拍攝。在這之前還有一點點時間，於是帶著我和畫友從重建街中段經過即將完工的「日本警官宿舍」，穿越紅樓，直抵滬尾文物展示中心。

看起來像是一般住家的文物館，沿著坡地而建的外牆壁畫上，有從前房屋的樣貌，屋外並沒有電鈴，進門必須拿著鐵鎚敲打屋外懸掛的一塊鐵板（還好不是用踢的），「噹」的一聲，屋內有人應門了，實在很天然，復古又好玩。原來這裡住著一位響噹噹的人物——80歲的國寶級廟宇彩繪大師莊武男老師。國立歷史博物館的門神彩繪就是出自莊老師的巧手，莊老師仍健旺矍鑠，閒聊當中得知，日前也受邀，將至印尼彩繪家廟。

展示中心裡全是莊老師的私人收藏，像窗花、交趾陶、佛像石雕、木雕等等，而且每一尊交趾陶的工藝師他都如數家珍。牆上還有一幅超級吸睛的末代皇帝溥儀先生的水墨真跡，令人為之驚嘆。

莊老師榮獲過許多的獎項，其中一項是新北市政府頒發的社會教育貢獻獎，詳細記錄他的座右銘：「工作不能做的，不要答應人家，如果做不好，將招人批評。」

我想這即是誠信的態度，做人的原則是：做人有量，才有福。

文物館可預約參觀，另外，莊老師也在文化園區的社會大學教授廟宇彩繪，有興趣的朋友請上網查看資訊喔！

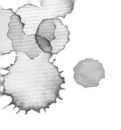

# 炭錢胡椒餅

源自福州炭火胡椒香

「從埔頂失戀橋邊看見觀音山已經戴上雲帽，就知道快下雨了。」這是老淡水人觀測天氣的經驗談。眼看雲帽戴上，我一路奔向停車場，回家途中還想順道去買幾個胡椒餅，買完後，隨即被瞬間的滂沱大雨困在原地，老祖先真的準耶！老闆開口留我，那就坐一下吧！

紅磚砌成的吧台與壁面兩個烤爐幾乎占了店面的二分之一，有陣陣炭香撲鼻。出生在萬華的吳老闆，本來開了十多年釣具行，因為房東要將房子收回，當時35歲的他只能被迫轉行。然而，人生沒有用不到的經驗，因小時候住過西園眷村，常被福州老鄉做的胡椒餅香氣吸引，決定閉關摸索如何製作。皇天不負苦心人，三個月後，夫妻倆開始在板橋擺攤，直到1998年才轉移陣地到淡水馬偕銅像旁，從早上11點營業到晚上8點，一賣30年。

第一次看見招牌，我就猜它的店名是取「賺錢」的閩南語諧音，加上用炭火燒烤的兩相結合智慧雙關語，果不其然。吧台擺放的招財蛇旁邊，還有個牌子貼心提醒外帶的朋友：微波爐加熱30秒，再放入烤箱兩分鐘。

老闆娘正在包餡料，新鮮的青蔥不惜成本地撒，做好的胡椒餅放進烤爐，20分鐘就能取出。趁熱咬下一口，嘗起來鹹甜適度帶有炭香，薄薄的外皮與濃郁肉香的內餡，在唇齒間邂逅得如此情投意合，可見火候控制、配料調味與肥瘦比例，肯定處處都是學問。

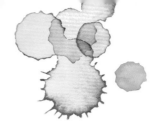

# 滬尾偕醫館

從建設街走下來，經過中山五十六（P.150），再從右手邊花俏的大鞋子店旁小巷子進去，就可看見建於1879年的滬尾偕醫館，淡藍色的外觀與大大的匾額仍完整保存著，已被列為古蹟。

右邊有間火鍋店，黑色招牌上面寫著：百年老店，還有九十九年。真被它的幽默笑倒。我決定在這個快樂的地方畫馬偕，這裡也是我覺得最好看的角度。果然，經過的人們都被火鍋店的招牌吸引，除了笑聲之外，也掀起話題討論。

清同治十一年間（西元1872年），來自加拿大基督教長老教會的馬偕博士（Dr. George Leslie Mackay）渡海來台宣教，因被淡水風光吸引，便租下一間淡水街上原本要作為馬廄的房子，當作生活、授課、行醫、宣揚福音及做禮拜的場所。馬偕博士並非專業的醫生，但他的醫術與服務熱忱很快得到民眾的信任。尤其當時居民為瘧疾所苦，馬偕博士的奎寧水（Quinine）具有相當的療效，求診者與日俱增，於是在1873年另租民房當作診所，當時稱為「滬尾醫館」。

到了1879年，有一位同姓馬偕的美籍婦人，為紀念她已故的丈夫，捐款3,000美元給馬偕博士，博士遂以此經費在今淡水的

馬偕街上買地開工建立新診所，並於同年9月14日落成，也就是現在的滬尾偕醫館，是台灣北部首間西醫院。目前館內常設展有馬偕博士的舊照與生平趣聞，開放免費參觀。

巷子小小的，但迴旋風還挺大的！3月的溫度讓鼻水直流，於是我盡速畫畢，繼續去看另一處迷人的歷史風景。

## Here's the story

### 馬偕紀念醫院

1901年6月2日，馬偕博士因咽喉癌蒙主恩召，享年58歲，滬尾偕醫館也就此關閉。直至1912年，為紀念馬偕博士在台傳教40週年、建立教會60餘所、熱心辦學、從國外帶入蔬菜種子、傳播現代科學及倡導衛生概念等事蹟，特於台北建立今日的馬偕紀念醫院，以紀念博士終身對台灣的諸多貢獻。

滬尾偕醫館建於1879年，位於一條小小的巷子內。

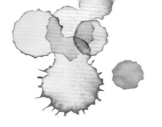

# 淡水禮拜堂
# 陳澄波戶外美術館

　　緊鄰著滬尾偕醫館，是仿哥德式建築的淡水禮拜堂。我們所看到的紅磚禮拜堂樣貌，是為紀念馬偕博士來台60週年，於1932年由馬偕博士的兒子偕叡廉設計重建的，已經是著名的古蹟，鐘樓是其最大特色。裡面可容納300人，除了教會的婚禮，平日不對外開放，至今仍然是台灣基督長老教會的聚會所。而馬偕博士在此創立的淡水教會，是北台灣第一所教會。

　　教堂裡有一個自1909年開始使用的古風琴，可惜我們都無法看見，而教堂前面的福音鐘，也是大有來頭，它曾參與二次世界大戰呢！傳說聲音相當弘亮渾圓，連對岸八里都能聽見。聽過前輩音樂人洪一峰大師所創作的〈淡水暮色〉嗎？歌詞裡提到的「教堂鐘聲心空虛，響對海面去」指的就是這座鐘。

　　福音鐘在1915年白色禮拜堂完工時就已經存在，但是二次大戰期間，被日本徵用為街役場警報器，架設在淡水紅樓的屋頂，因空襲時遭炸而破裂無法發聲，戰後被送回教會，1985年裝置在禮拜堂後方作為紀念。2012年適逢淡水教會創立140週年，於是把福音鐘移至前方展示，與禮拜堂一起見證淡水的歷史扉頁。

　　廣場兩旁的殘壁也漆成相仿的紅磚色，中西合璧連成的一致色調，順理成章變成戶外活動空間，每次經過總看到許多人以禮拜堂為背景拍婚紗或拍廣告。在臉書還沒問世前，有次正在油畫寫生的我，也被格友拍到，並寫進部落格裡呢！

　　今日再度來描繪，景色又不一樣了，禮拜堂廣場已經有了正式名稱——陳澄波戶外美術館，廣場上立起了前輩畫家陳澄波先生12幅複製畫作燈箱，他是台灣美術史上舉足輕重的畫家，其真跡的價格在各個拍賣會上屢創新高，2009年春天，我很幸運地在香港佳士得拍賣會上看過幾幅畫作的真跡。每一幅燈箱畫作都是老淡水的風景，除了附上說明，只要掃描一旁的QRCode，就有中、英、日文導覽。

　　由於時代的變遷，整條「淪陷」的老街，再也看不見層層疊疊的紅磚瓦屋。如果畫中的老房子還在，應該會更有時代的況味，賞畫同時，心中湧起的豈止是遺

憾。曾在紐約惠特尼美術館看過有關戰爭
的畫作，其中有幅作品對勝利是這樣描述
的：「勝利包含了悲傷與失去。」雖身處
太平盛世，此時此刻的我卻感同身受。

漫遊散策

　　走出廣場連接著老街的末尾，
向左轉是溫州大餛飩，可穿越旁
邊的巷子到河邊，巷子裡有電動
車出租；向右轉，經過得忌利士洋
行可到滬尾漁港、海關碼頭、埔
頂上紅毛城古蹟群，走這一段需
要儲備很厲害的腳力，加油喔！

2019. 3.
淡水禮拜堂
VS 陳澄波美館.

# 得忌利士洋行

在陳澄波戶外美術館附近，可看到兩棟歐風建築，是1871年由英國得忌利士洋行為了航運而建的，於2013年3月修復完成，3月30日作為藝文空間對外開放。不僅僅是修復建物，彷彿也保存了洋人曾在此停留的歲月。這裡已是中正路老街尾段，顯得冷清許多，但修復之後，將淡水歷史的寬度又銜接至滬尾漁港。

前棟是藝文展出空間，可免費參觀。外觀上除了大門之外，還有四扇落地玻璃窗，最右側的玻璃窗是目前的展覽資訊海報，另外三扇是「留住曾經」，依序分別寫著「風華崛起—客貨船舶、航運樞紐」，「流金年代—吞吐倉庫、茶葉集散」，至最左側的「浮光掠影—命令航線、不定期經營」。不需多解釋，它已霸氣地表示自己的歷史定位與功能。簡介上有句話是這麼寫的：「洋行是清末台灣開港及北台灣航運發展的歷史見證，當時沿岸還有寶順、水陸、和記和怡記。這五大茶行，幾乎壟斷整個茶葉出口，如今只有得忌利士洋行的建物被完整保存下來。」

後棟的外觀是紅瓦白牆白柱，原為輸入品倉庫，目前由財團法人「看見齊柏林基金會」承租，從2019年3月開始，規畫成齊柏林空間，為老街注入一股嶄新的視覺藝術能量。不定期策劃常設展，主要展出齊柏林導演生前的作品，入內需購票。可別以為這裡已經是盡頭，走進旁邊小路，那可是柳暗花明又一村的驚喜，一定要轉進去瞧瞧！

畫完洋行後，也觀賞了淡江高中美術班的成果展，是相當優秀的水平。

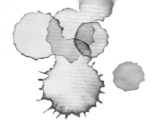

# 齊柏林飛坪

齊柏林基金會在2019年3月進駐淡水老街烽火段，與得忌利士洋行連成一個精采的藝文聚落。走進洋行後棟旁的柏林小徑，短短斜坡上去後，就會看見以機艙結構為概念製作的齊柏林飛坪木製框架，是延續齊柏林導演以飛翔來閱覽台灣群山及河湖海洋的精神建造的。「山，是原初夢想的起點。」齊柏林導演如是說。

繞行一圈觀察後發現，每根骨架的三角形空間已放置許多民眾吊掛祈福的木片，上面的字字句句都感謝著齊導的奉獻，因為他的勇敢冒險，空拍記錄這片土地的美麗與哀愁，才能讓每個人能真正看見台灣。正中央方形孔洞有放置QR code，拿起手機掃描之後，便可以齊導的視角，感受他呈現的壯闊視覺藝術。

環顧這一空曠的平台，還有許多整建中或閒置的戶外空間，不知還有多少計畫在悄悄滋長，非常期待在未來的日子裡，有新的血輪加入。

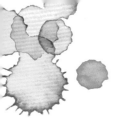

# 燈塔咖啡館

用故事換一杯愛的咖啡

在齊柏林飛坪駐足，有種特殊的寧靜，環顧四周一草一木和算不上斷垣殘壁的遺跡，難免發思古之幽情，並填空勾畫著下一個嶄新空間的到來。然後，目光突然被後排邊間一棟灰牆白窗的房子吸引，它的門前放了一塊三角看板，上面寫著：燈塔咖啡 Free。免費？可引發了我的好奇心，於是亦步亦趨走進大門順著樓梯上了二樓。

透過黃牧師解說，了解到這個空間是二次戰後淡水國語禮拜堂的舊址，最近翻新成立燈塔福音中心，延續著19世紀馬偕醫師來台，透過醫療傳遞愛的方式，現在他們則是透過教育、文化及生活的方式跟大家分享神的愛。也因為是馬偕醫師撒下的種子所建立的教會，想讓他的愛像燈塔的光輝一樣繼續照耀著淡水河，並希望在此空間與社區居民建立愛的關係，所以取名燈塔咖啡。

燈塔咖啡大概有15個座位，沒有營利性質，由教會的弟兄姊妹們在每週六日下午兩點到五點輪流排班接待有緣的客人。我非常幸運是其中之一，每個來此一遊的旅人需要準備一個故事來交換一杯咖啡，真是情感交流與傳遞福音的好方法。

聽完黃牧師的話，現在輪到我交換一個故事了！從前從前……

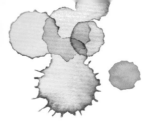

# 之間茶食器

許多美好事物都藏在生活周遭等著被看見，但人們大多喜歡忙忙碌碌，永遠在追尋龐大的存款數字與崇高的「理想我」，所以苦著、累著，當有一天欲振乏力稍事停留後才會發覺，原來描繪生命的藍圖無須濃墨重彩，只需要「無意得天趣」的意境。而從茫然到心領神會之間，究竟需要等待多久？

## 認真探究生活的美學

走進狹長的「之間茶食器」，簡單到底的灰色牆和一盞盞垂吊的工業風黃色小燈，最後以悠閒的日式茶屋作句號。感覺像是走入美術館的場域，卻又不著任何符號，恬適而優雅的氛圍，徹頭徹尾洗滌了一身疲憊，自然而然沉靜下來，準備享受食物與我之間的關係。

與朋友四人分別點了四種套餐，一份最普遍卻不普通的茄汁義大利麵，由大蒜爆香佐香菇玉米筍、洋蔥、起司、九層塔，一份鐵蛋南瓜比薩，以及一份牛蒡年糕番紅花海苔比薩。這三道的餅皮與麵條都是店家用包種茶、鐵觀音等茶酵母製作，再混搭當地食材所研發的創意料理。最後一個登場的是「馬偕的種子」，好美的名稱啊！外表看起來是起司捲，裡面裹著花椰菜、敏豆、紅蘿蔔、橄欖等蔬菜，都是馬偕博士從海外帶回台灣的。我們在爵士樂聲之中，一口接著一口，不斷讚嘆，直到一點都不剩的時候，才終於發現「之間」是家不折不扣的蔬食餐廳。

原是產品設計師的老闆之一Eason說，他們以茶為主，融入食物的設計與料理的想法，才能創造獨特口感。例如將鐵蛋切成薄片入盤，或用八里鹹蛋打造的義大利麵，還有石門的石花凍氣泡飲，將這些食物的單純美好，帶入生活美學。比方鐵觀音義大利麵，讓人聯想到來自福建安溪清水祖師爺的神蹟，記憶與淡水大拜拜串連。

有時候店裡也會藉由辦活動將這份生活經驗傳遞出去，不定期開辦陶藝課，或曾經租船，在航行中品茶、告別夕陽、迎接月亮，類似早期木下靜涯在淡水海上觀月的茶會，提倡體驗生活，連結生活。

## 二訪之間，速寫聽故事

　　為了畫下「之間」的氣質店面，第二天下午我背著畫具再度到訪。Eason備好茶具，我們就坐在貼滿米色台灣手抄紙的之間茶屋，品著來自中國大陸的蒙頂甘露，未經烘焙發酵的嫩採手炒茶葉，屬於白茶，茶葉還可以吃下喔！茶具都是當地藝術家的作品，喝茶除了聊天，也要配茶點，所以，來了一盤有故事的蛋糕。陶盤上的「水筆仔蜂蜜檸檬磅蛋糕」綿密而扎實，為了提味，隨盤附上一小杯蜂蜜。

　　基於Eason對生活的態度，自然會想了解蜂蜜是如何形成的，於是特地去拜訪在地養蜂場，沒想到那天老闆竟然説蜜蜂不在家，去旅行了。「什麼！蜜蜂會旅行？」「別急！別急！原來蜂農會依照花開季節把成群蜜蜂載去當地採花蜜，所以蜂蜜才會有龍眼、野花等多種口味。如果花不開花，蜜蜂就沒有蜜可採，這是大自然的共生循環之下，環環相扣的產業鏈。」關於蜂蜜的來源這件事，總算有個交代。

「那茶呢？」

「要從英國商辦陶德與李春生在淡水相遇那天開始説起。」

「水筆仔呢？」

「水筆仔也有蜂蜜喔！這得從福建富商黃東貿聊起，更是一段有趣的傳説了。」

　　在之間，食物與生活的故事，簡直是一本內容極為豐盛的書，我想，就此打住停筆吧！想知道其他食材的故事，我建議去用餐時與Eason聊聊天，以茶為生活著裝的他，本身就是一本很有趣的生活字典。

　　在戶外的熱空氣中，我勾勒著橘紅色的使君子在之間屋簷下盛開的30度角。Eason讓服務生端來一瓶氣泡飲，真是感動萬分。氣泡飲裡頭的香草，是他在山上租的小農場自種的。畫完要離開時，他告訴我一個非常棒的消息：週末黃昏在山中有淡水小農的派對，邀請我一起去參加，也可以順便看看「之間」的香草來自哪片土地。謝謝老天爺安排，我剛好沒有演出，那是當然要去的，超級期待！

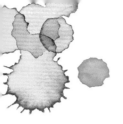

# 農場音樂會

赴約之間茶食器

將導航設定在坪頂里的三空泉，真正的目的地很難說清楚。小農派對的場地，大概是家鄉園與阿三哥農莊的中間，我與之間茶食器的老闆Eason約好4點在這裡見面。山間的主要道路我一點也不陌生，但若要進入彎彎曲曲的不知名小路，我只能靠導航。導航螢幕上打結又敞開的路線，車子轉過好幾個髮夾彎，但這似乎不太重要，重要的是，沿途怎麼可以這麼美！

記住了這一份來自山中人文的美好印記，感謝老天爺賞賜一個澄澈的藍天，
讓我能知道有一群可愛又懂生活的小農。

終於到了山谷裡的平原區，幾個遮陽的小棚子，幾排椅子，許多小農正把自己張羅的料理放上長桌。也有退休的咖啡師正在為大家手沖咖啡，還有自釀啤酒的大師，我遇見舊識雕塑藝術家及街頭藝人好友。高手都集合在山間了。黃昏派對即將以音樂歡樂呈現，原來這裡就是傳說中阿三哥農場的分園。

Eason帶我去到「之間」所屬的小小農場，種了薄荷、羅勒、地瓜葉等綠色食材，還有蝶豆花、作為裝飾的狼尾草。還有其他的小農園，有水鴨悠遊的白色荷花池、長了白玉苦瓜的南瓜棚、綠油油的百香果樹藤、木瓜、香蕉、朝天椒，多到數不完。大家都是租來種自己喜歡的植物，收成後自己吃或分送給朋友。從這農莊眺望觀音山，別有一番景致。

繞回休息區，Eason跟小農優格的老闆娘拿了他預訂好的奇異果優格冰棒請我，難得吃到那麼爽口天然的健康食品，我決定寫進書裡介紹給大家。老闆娘又請我喝了一瓶優酪乳與一杯芒果優格，最後才終於知道，她是農場主人阿三哥的女兒。我的天啊！我曾經因為撲空，一度以為阿三哥農莊餐廳已經不存在，竟然在此失而復得，繞了一大圈。（這時候，應該要有交響樂呼應我的心情！）

農場的黃昏音樂會大約來了五十多位小農，由阿三哥女兒開場，音樂會開始了。每年都能辦一場這樣難得的聚會，都得感謝農場主人阿三哥。此人行事相當低調，觀眾席的椅子，都是他一個人默默排

好的，音樂會也在掌聲中開始了。開場演出的「樂音樂」管樂團，除了指揮蘇老師外，其他都不是專業，完全以同樂為主。固定每個星期聚在一起練習，實屬難得。此時此刻，掌聲如雷，原來是阿三哥本尊現身了，終於見到廬山真面目，他很開心地謝謝大家來此，希望每位朋友都能盡興吃飽。以山與農園為背景，可愛質樸的管樂音在山谷間響起。這裡的每一件事物都與利益無關。

漫遊散策

Eason建議我往另一個方向回程，路比較寬廣一些。車子行駛入鄧公路後，又是一連串的驚喜，你會看見滬尾櫻花大道、樹興里活動中心的小農文創市集，還會經過聖本篤修道院，它們交織出淡水的過去與未來。我可以想見，這趟旅行的故事將越來越精采。

金色水岸

# 淡水渡船頭

## 遊金色水岸

渡船頭在淡水河的右岸，跟1950年完工的滬尾漁港不同點在於：漁船在渡船頭卸貨，漁獲在此買賣，船再停入滬尾漁港維修或者加水、加油。在老電影《聖保羅砲艇》還能看到早期風貌，現在渡船頭的功能只有觀光了。

搭渡輪的位置大約在金色水岸與老街平行的中段，有幾家船公司供觀光客選擇，可到漁人碼頭、對岸八里、關渡與大稻埕等。金色水岸的長度，從殼牌倉庫這群水上人家拉起序幕，結束在海關碼頭，中間經過滬尾漁港。聽聽〈淡水暮色〉這首歌，就能感受歌詞所描述的意境。

從捷運總站廣場到渡船頭這一段，曾經停滿舢舨船，被稱為台灣最美麗的海岸。我還記得多年前的黃昏還會有漁船靠岸，新鮮小管直接煮熟秤斤論兩販賣，還能試吃喔！近幾年填海造陸，多了一片草原與廣場，舢舨船則多數集中在總站後方。

渡輪公司航運時間與風格都不一樣，多半能刷悠遊卡。淡水河的白天與夜晚，隨著光線與溫度變化，也散發不同的魅力。忙碌的日子裡，幫自己的生活換一條跑道，相信能因為「慢活」而「快活」喔！

# 榕堤

落日餘暉下的護貓天使

　　榕堤是金色水岸相當適合欣賞落日的路段。一排彎下腰的老榕樹，在西曬的時刻擔負遮陽隔熱的功能，樹下有整排石椅可供休息。這裡有一組銅雕裝置藝術，為紀念一位護貓的天使。

　　這位天使是一名叫忽忽的女孩，靠著寫作收入維生。在38歲時搬到淡水老街居住，因善良的天性，不忍流浪貓挨餓受凍，收養之餘，開始來回穿梭在大街小巷，尋找失去主人的貓，也逐漸建立餵貓的路線。有一天在餵貓的路上被摩托車撞倒，當下失去意識，再也沒有醒來。雕像是當時的縣長周錫瑋允諾設立的，以紀念忽忽和她的街貓馬小三，藉此提醒大家關心流浪動物的問題。

　　浪漫的黃昏，在這裡靜待夕陽沒入出海口的剪影及河邊散步的人們，都成為風景的一部分。最後，我走進自己的畫裡，離開夕陽餘暉猶存的榕堤。

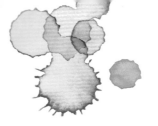

# 滬尾漁港

淡水開港當時，河床尚未淤積，可直接停靠從台灣海峽進滬尾漁港來購買台灣茶葉、蔗糖、樟腦等商品的3,000噸大船。泥沙淤積日漸嚴重後，只能靠舢舨船將貨物運輸至大船上。

〈淡水暮色〉這首歌中有兩句歌詞：「日頭將欲沉落西，水面染五彩，男女老幼在等待，漁船倒返來」寫的就是1957年滬尾漁港的情景。擔任編劇的葉俊麟先生，隨外景隊到淡水拍片，把收工後走在河邊感受到的一景一物，寫成這首經典閩南語老歌。

今日的滬尾漁港仍然是觀賞夕照的精華地點，釣客與遊客、網美與外拍團隊，還有三面的店家，都將漁港點綴成繁榮景象。為了水環境改造，也將南堤及東堤拓寬成四米，比從前可容納更多元素了。

滬尾漁港是觀賞夕照的首選地點之一。

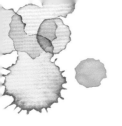

# 天使熱愛的生活

將滬尾漁港盡收眼底

這是一家眷村改建的小小咖啡廳，以歐洲冷門電影的片名命名，與淡水漁文影像館同樣位在滬尾漁港的周邊。

一樓的吧台空間只夠站一個廚師，獨自在裡頭工作，供應咖啡、飲料、鬆餅。二樓是有屋頂的陽台，兩排座位全都面向出海口，是觀賞夕陽的最佳地點。屋簷上的燈是用汰舊換新的紅綠燈嵌上的，從午茶時間到晚上11點，假日還可到凌晨3點。

我在第一排座位區，有雀榕當前景。適逢漲潮，淡水舢舨船裝點，滬尾漁港盡收眼底。鏡頭再往上攀一些，還可看到右側旗幟飛揚的紅毛城呢！

由於是半露天的空間，有點涼風的天氣很舒適，但沒有禁菸，怕菸味的朋友請自備口罩，否則就要辛苦一些了！今天忘了戴口罩，就可知道我的心情，是連這片美景也救不了的，所以我等不到黃昏了，畫好就收！

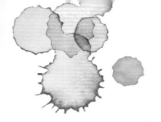

# 朝日夫婦

尋著排隊隊伍必能找著

位在滬尾漁港周邊,「200元快剪」隔壁的木框門面小店,每次經過,人行道上總是大排長龍,而且大多是年輕族群。好奇心驅使下,我這個上了年紀的女生,只好綁個辮子裝可愛,走近看個仔細,原來是一家……冰店。

這家冰店的日本味店名,起源於老闆夫婦原本在沖繩當潛水教練,每天早起上工前往海邊的路上,適逢太陽從海平面升起,太太就戲稱他們自己為「朝日夫婦」。故事再往前推,他們婚前準備去訂婚戒的那一天,經過海邊一家很不起眼的冰店,吃起來冰質鬆軟,淋上的醬汁全是自製的,美味得令他們印象深刻,於是在心中埋下一顆將來有機會也要開這樣的冰店的種子。

婚後不久太太懷孕,兩人決定回台灣養育下一代。太太是淡水人,樓上的「黑咖啡」是姊姊開的, 就這樣順理成章地從2016年8月8日開始,朝日夫婦到了以落日聞名的淡水重啟事業的第二春,幸運地夢想成真了。

趁著隊伍沒那麼長,我與幾位好友排隊點了覆盆莓牛奶與火龍果鳳梨牛奶分享著吃。白色的冰沙外圍淋上水果天然色澤橫紋,那第一口的滋味直叫人驚呼「天啊!怎麼那麼好吃!」入口即化溫潤綿密的冰沙,加上水果原汁原味熬煮出甜而不膩的醬汁,吃到最後還有果粒出現喔!一碗冰有這麼多的層次,怪不得要門庭若市了。店裡座位區如果客滿,也可以坐到外面走廊欄杆桌區看看漁船與無敵河景,當然也可外帶到河邊去,有多種愜意的選擇。

要不是外帶與內用兩列引人注目的隊伍,走過肯定會錯過。但是吃過之後,肯定是無法放過了。還有很多口味要來嘗嘗,絕不能讓年輕人專美於前,老人家來湊熱鬧,也是挺新鮮的。

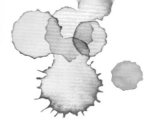

# 淡水漁文影像館

## 找尋淡水故事的好地方

　　淡水漁文影像館是老街上最後一個店家，外觀特殊，有些人說像古巴的住宅，我沒去過古巴，所以沒有任何看法。大約五坪大的店面，展示許多文創品如小畫冊、布袋及攝影作品等。館內環境輕鬆不浮誇，前後門可任意穿梭，舊時是給漁船加水加油的地方。

## 黃色水泥通道

　　影像館位於滬尾漁港的港嘴要塞，招牌上方屋簷的色彩就是淡水漁船的側身。店裡除文創品之外，牆上有一根紅色鐵管，以前是給漁船加油的油管，是很重要的古蹟，現在則不違和地展示在牆面，地底下就是油庫所在。左邊是米黃色的水泥通道，屋頂低矮是因為頂上是可放置水桶的特殊結構，當時用來幫船隻加水，下次經過時別忘了多看一眼。

　　影像館裡人稱Y大的文化志工陳先生，一邊跟正在速寫的我說著故事，另一邊有來自深圳的小女生也不斷地詢問著有關電影《不能說的祕密》在淡水拍攝的許多場景，最後問到陸小雨住的地方，陳先生說：「那不在淡水，在三芝。」小女生引起我的好奇心，追著電影場景跑的旅行方式，也是圓夢的另類趣味，我有股衝動想跟她去探險，但考慮到彼此並不認識，只是想想罷了。

　　當我繼續追問黃色水泥通道另一邊的故事時，背後一波波的潮水突然從港嘴湧進，聲浪如雷，我有點小小地受到驚嚇。原來退潮13個小時之後，又開始漲潮了，好開心此時與潮會不期而遇。今天沒有夕陽可看，但依然見證了月球的魔力。米黃色水泥走廊的後方是向下的斜坡，斜坡上還有軌道，預備利用漲潮時刻讓船隻上岸或下河。運氣真好，我竟正好看見舢舨船停在軌道上。

## 舢舨船的彩繪意義

　　舢舨船是淡水河早期運輸用的作業船隻，當大船到達，就利用小船來運輸漁獲給大船。「舢舨」取自於三塊木板的台語發音(三板)，船身的顏色也有趣味的象徵：紅色代表熱情，綠色是源源不絕，藍色充滿希望，白色是豐收。當船身彩繪完成，彩繪師會在前方側面綠色範圍裡畫上魚眼睛，向前看的是屬於貿易船，向下看的是捕漁船，茫茫大海中，希望藉著向下的眼睛指引，得到豐碩漁獲量。陳先生補充說：

画下渔文影像馆的此刻，宣告結束這完美的一天。

「向上看就是打仗用的，但是現在都看不到了。」「船前方那個白色圓點呢？」「應該是海龍王的兒子，保佑船隻出海平安的象徵。」

靠近馬路的兩棟房子以前是倉庫，現在則開放店家進駐，可以坐著欣賞風景。港內停放的幾艘舢舨船不只是觀賞用，也是船家所有，淡季時會各自出海去海釣，5月到11月還能捕撈文蛤。冬天的時候，漁港附近的河面上會看見許多浮球，底下即是抓鰻魚的網子。

影像館正對面是眷村改建的天使熱愛的生活（P.121），最右邊是拆掉海巡署後改建的餐廳，這一排色彩繽紛的店家與舢舨船在漲潮倒影中，就是一幅美麗的畫作。

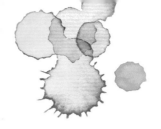

# 淡水海關碼頭

　　車停在紅毛城旁邊的古蹟園區停車場，過個馬路就是2018年才重新對外開放的淡水海關碼頭園區，是清朝為打擊海盜駐紮建立的海防設施。海關碼頭舊稱「滬尾海關公署」，在1862年正式設立之後，全台的關務都由它統理，可見其在台灣近代史上扮演相當重要的角色。

　　許多老榕樹高高聳立，在當時是防風作用，而今站姿仍帥勁十足，在觀音山淡水河襯托之下，百年來已站成了仙風道骨。靠近出海口那一面，也變成了觀賞夕照的新景點。園區裡有三棟歷史建築，我坐在遊客休閒椅區畫著兩層樓高的磚造洋樓。告示牌上說是融合西洋與台灣本土建築特色，但整修後已不是清朝時期的樣貌，大概是1893至1895清光緒年間建立的，屬於較高層級碼頭作業人員的官舍。平日除了河風吹拂聲外，真的很安靜。

　　走到園區盡頭有座橋，這裡已經成為打卡熱點了！有不少釣客，更有網美搶拍，讓亮晃晃的這一頭更顯青春耀眼，與另一頭的沉穩閃斂相映成趣，那這裡就再畫一張囉！

眼前是兩層樓高的磚造洋樓，融合了西洋與台灣本土的建築特色。

　　沿著觀音石鋪成的河邊慢慢走，還有兩棟建築物，原先是作為港務倉庫用，現皆已修建成藝文展覽空間。走進最靠近洋樓的空間，正在展出以童話色彩出發的「夢想家」，由淡水博物館策劃，有夢想氣球，紙飛機藍天牆背板，足夠大的空間讓大家裝模作樣，擺出最快樂的姿勢。還有小學教室和夢想販賣機，最後以彩虹牆收尾，怎麼拍都好看。

　　另一個大展間，則是有關清法戰爭的互動遊戲，稱作填石大作戰。計時30秒，將平台底下的布作石頭，全擺上象徵法國戰船的檯面上，當螢幕顯示沉船，表示已經達陣。其實花十秒就能完成目標，是一個為國家盡力打勝仗的遊戲，娛樂效果十足。展間外的草坪上，有漂流木組成的船隻裝置藝術可參觀。夜間的草坪上有腳踏的電動音符，可以來踩踩玩玩。

　　繼續往左邊關渡方向走去，順風河面吹出灰灰的霧氣，向右邊望向出海口，是淺藍透綠的中間色調，陽光照耀出的漸層奇特又神祕。若是有空在這個時段到這裡，不妨也和我一樣仔細觀察河面的變化，或許會有不同的發現。

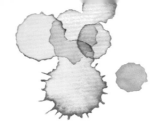

# 淡水漁人碼頭

整日熱鬧的經典景點

有人說：「旅行就是從自己活膩的地方去到別人活膩的地方」，這話說得真是血淋淋。但我們幾個音樂人，卻相當珍惜定居在淡水的生活，所以總是用不同的方式讓每次出遊都活出新鮮感，光是在漁人碼頭的幾次旅程，就值得分享。

漁人碼頭在淡水出海口右岸，舊名「淡水第二漁港」，是度假、看夕陽、搭郵輪及品嘗美食的好地方。有一次我們約了一起晚餐，所以提前去遊賞。在福容大飯店前的淡水漁人舞台，原創音樂基地正好在舉辦熱門音樂大賽，除了天然的觀眾席之外，週末廣場上已經熱鬧滾滾。周邊有烤乳豬、兒童樂園旋轉木馬、三層樓高的滑水道都在碼頭裡面，還有可愛的遊園車。

位於海、河交會的白色情人橋，全長165公尺，連接港區與觀光魚市，橋上總站滿看夕陽的人潮。夕陽落下出海口後，有一整排攝影人將鏡頭對準情人橋，拍下橋身變換多彩的燈光秀。我們用完海鮮大餐，又把胃騰出一點空間給甜品，然後漫步在停滿郵輪與舢舨船的浮動漁港邊，為逍遙樂活的一天，踏出最滿足的腳步。

## 七夕情人節煙火秀

七夕情人節的煙火秀是每年的重頭戲。這天我們下午4點半趁早把車停進漁人碼頭，再搭乘可以刷悠遊卡的台北航運「藍色公路」，從河上欣賞碼頭到老街這小段陸地的視角，真的別有一番景致。海巡署

的軍艦、鋼架的淡水燈塔，及埔頂上紅毛城古蹟群的昏黃色調，從這裡只花半個鐘頭就會到淡水老街。下渡船頭附近任意閒逛，打包一些小吃，看完萬丈霞光，再搭渡輪回漁人碼頭野餐。

夜幕低垂，情人橋旁連鎖店的排隊人潮多到誇張，還好我們已經有美食，再買杯酸梅湯跟芒果冰沙，就能在夏天涼涼的晚風中愜意用餐。長約320公尺的木棧道觀景階梯，剩下的空位剛好可以坐下我們幾個。8點40分，一艘艘觀光遊艇已在河的中央橫列一字排開，等著觀賞一年一度為七夕而絢爛的節目。9點整，不負眾望的煙火畫破夜空，跋扈的光彩，耀眼奪目。

不是第一次這麼近距離欣賞，卻是第一次躺下來看。每個瞬間爆發的烈焰，每次盡情的歡呼聲，「人生以創造美麗回憶為目的」，由衷感恩此刻的幸福。

漫　遊　散　策

　　漁人碼頭內涵多元，怎麼玩都可以。造型如船的福容大飯店一樓大廳不僅有藝文展覽，也有下午茶、商展廣場、星巴克，還有阿基師觀海茶摟。另一邊的觀光魚市裡，有魚製品及海鮮餐廳。四季隨時敞開，相信每個人都能玩出不一樣的風格。下次再相約，又會有什麼行程呢？期待中。

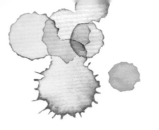

# 六塊厝漁港

六塊厝是淡水最北邊一處靜謐的小港,是西向的避風港,釣客與幾艘舢舨船點綴其中。百年前這附近住有六個大家族,每一家各有一個捕魚用的「石滬」,這是六塊厝的由來。如今這六個石滬已經被海水沖刷到自然天成模糊界線,不像澎湖的雙心石滬那麼明顯,卻也是珍貴的景觀。

退潮的時候,總是吸引許多新人來此拍婚紗。今天還看見戴斗笠的阿嬤拿著竹籃撿珠螺,她說要把珠螺煮熟了用牙籤挑來吃。還有全家出遊撿蚵仔的。但到了蚵仔的季節,海邊都是蚵仔殼,大家千萬要小心不要割傷腳。

## 屯山小坊

港邊有間兩層樓的白色房屋「屯山小坊」,是屯山里謝家莊的老家改建的,假日才營業,供應簡單的定時套餐,配菜都是周邊農田裡的菜園當季蔬菜。令人吃驚的是,在這麼偏僻的港口小店,午茶時間竟

六塊厝漁港的石滬景觀。

然客滿。下午提供鬆餅、薯條、蒸小籠包等，因為想吃點心就好，我只點了一盤綜合炸物，吃完後不燥也不渴，問了謝家老闆娘祕訣為何，她說應該是油品乾淨的緣故吧。

屯山小坊不定期會舉辦農事體驗，比方茭白筍栽種之前，會讓民眾參加了解福壽螺危害的課程，並一起到田裡參與「除福壽螺」活動。「淨灘」是最重要的公益活動，除了提倡零垃圾之外，還有垃圾分類教學。根據他們統計，瓶蓋、吸管、菸蒂等，是沙灘上最多的垃圾。所以，請大家真的要多用點心，把自己帶來的東西隨手帶走，讓下一個來搭帳篷或野餐的人，也有乾淨的沙灘。

漫 遊 散 策

　　黃昏的天空是一張畫布，任雲彩與夕照交錯幻化，時而輕描淡寫，時而濃墨重彩，把簡單的六塊厝漁港變成一幅幅美麗的畫作。當主角夕陽落下之後，先別急著離開，也許會發現一道道微弱的粉紅色霞光與夜幕交接，讓四射的光芒在餘暉中圓滿一天的行程。等到星星月亮登場時，就是遊客該退場的時刻。離開時請記得，把自己製造的回憶與垃圾一併帶走喔！

夕陽餘暉下的六塊厝漁港。

淡海輕軌

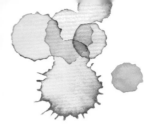

# 淡海輕軌

　　淡海輕軌總共有11站，每個站的月台上都有幾米的插畫，柔化車站繁忙的景象。我觀察到，幾乎每個乘客看見幾米的立體作品，都會露出甜甜的笑，接著便拿出相機，拍下「幾米的異想世界」，幾米真的魅力很大呢！

　　淡海輕軌從紅樹林站出發，與台北捷運淡水線相接。輕軌紅樹林站的入口處放有每一站的周邊景點轉乘資訊，一樓還有星巴克及新北捷運文創商品館「漫遊淡海」。每班車間隔大約15分鐘，車體是水藍色的雙頭列車，高架的高度剛好讓人可以凝望淡水河出海口。

　　從紅樹林站出發，首先來到竿蓁林站，這裡有歌后潘越雲開的雲璽與知名甜點店閑恬，阿妮担仔麵則在往鄧公站的路上；接著是淡金鄧公站，這裡有滬尾櫻花大道、阿三哥休閒農莊（P.161）、農場及三空泉（P.164）；淡江大學站除了淡江大學（P.47），還有平價美食阿娥排骨麵；下一站來到淡金北新站，從此站可轉乘公車至無極天元宮（P.170）。

　　從濱海義山站起是高架的輕軌，會漸漸下坡到平面路段，在高架上可看山看河，平面沿路也有北台灣海環線自行車道。出了第九站濱海沙崙站，

只要步行三至五分鐘便可到程氏古厝，這一站未來還可連通到漁人碼頭（P.128）。最後一站淡海崁頂站，出站散步一小段路就到美麗新影城。最後兩站人車稀少，有許多的草坪，車廂門一開就聞到草香，可以從這裡騎Ubike去到沙崙海邊。

🌐 輕軌官網：www.ntmetro.com.tw

每個站的月台上和車廂內都充滿了幾米的插畫和立體作品。

134

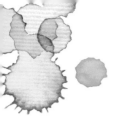

# 紅樹林生態教育館

　　說到紅樹林，通常會跟「水筆仔」聯想在一起。屬於胎生植物的它，外觀像是支懸吊在樹上的筆，因此而得名。

　　紅樹林生態教育館位在捷運紅樹林站的二樓，是一個知性舒服的學習空間，裡面有關於紅樹林的生態體系，以及保留紅樹林的相關書籍與標本。還有一面大觀景窗，可以看見整片紅樹林及出海口，讓大家在吸收知識之餘也能享受美景喔！

　　走出紅樹林站，沿河邊步道可一路走到淡水文化園區。沿途有機會看見在紅樹林枝幹上休息的夜鷺；若遇到退潮後出來覓食的招潮蟹，麻煩禮讓它的橫行霸道，別狠心讓它們變成地上的標本；漲潮時，小白鷺會出來尋找蝦兵蟹將填飽肚子；水陸兩棲的彈塗魚，因為靠皮膚呼吸，行動的時候兩隻手在前方擺動，好像游蛙式，模樣十分可愛。漲潮與退潮的生物各有不同，可以準備放大鏡來看個究竟，步道一旁還有完善的解說。

從捷運紅樹林站的二樓遠眺紅樹林與出海口。

# 雲璽典藏

潘越雲的二手藏品店

雲璽位在淡水紅樹林站接駁輕軌的第一站「竿蓁林站」。一如潘越雲阿潘姐神祕而慵懶的性情，雲璽毫不張揚地躲在坪頂路口上坡幾輛堆高機的旁邊，一天只營業八小時。

認識多年，只知道潘姐有許多古董收藏，我很好奇為何會把收藏開誠布公地分享，她說：「去美國時常去逛二手店，記得有個老太婆化著濃妝抽著菸，看到她時我心想，原來到80歲還是可以開二手店，當時便有了開一家二手店的念頭。」但是她思考著，要賣這些老舊又有價值的東西，必須是間老房子才能互相襯托，找了許多年，終於在坪頂路口找到這間33坪大的老屋，完全符合她期待的「有庭院、可植栽、空間大小亦可擺設所有收藏」的條件，於是承租下來。那時因為忙於演出，壓縮了零碎時間，前前後後花了近一年時間才改造完成，並以她自己與女兒的名字各取一字為「雲璽」，成了難忘的店名。

店內多為從印尼來的柚木家具，也有多樣二手物品可慢慢欣賞，我在迎賓桌前速寫著一覽無遺的室內，碰巧店內有個年輕人見我就問：「你不是小南姐嗎？」我答：「是啊！我是。您從哪來的？」「我蘇州。」「喔！我上月底才去演出回來呀！」「我知道，我在現場。」就是這麼巧！最

後他買了一張黑膠唱片就離開了。

潘姐提到，齊豫姐曾問她：「萬一店內的收藏都賣完了該怎麼辦？」她心一驚，對耶！總會有賣完的時候，於是她時不時就會去美國，到假日跳蚤市場尋寶，帶回珠寶鏡子和飾品之類的小物。店內還有一個古董值得一提，是住在台中的好友夫婦收藏在家裡倉庫二十多年的越式屏風，本以為是寄賣，最後決定送給阿潘姐作60歲的生日禮物。

「木頭需要擺出來，接觸空氣會出油，用絨布擦一擦，表面就會越來越漂亮。……那個刷白的是法國的茶具，……那個是印度的，上百年了，另外的那個層版是拼接的，……還有英國風、義大利鄉村風……。」潘姐如數家珍，為我解說來自世界各地、琳琅滿目的收藏品，我就這樣糊裡糊塗地上了一課！最後我問潘姐：「鎮店之寶是什麼？」阿潘姐猶豫很久答不出來，我不假思索地說：「當然是潘越雲呀！」您說是不是？

我畫著一前一後兩桿舞台裝、不與白色牆面平行的印尼柚木古董家具、
高檔次的歐洲古瓷茶具與玻璃工藝，才更明白阿潘姐高質感的擺設。
在輕工業風暖色燈的照耀之下，讓店內的物品更增添光華。

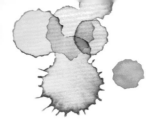

# 閒恬Mydeli手作美味坊

有天路過，意外發現這裡竟然有一間低調到甚至沒有店名的糕點廚房，外頭只擺了一張餐桌與兩張椅子。我心想：來到這麼偏僻的地方開店的應不是泛泛之輩，肯定有與眾不同的想法。

好奇心驅使我走進去，一眼望去，是個約莫十坪大的中央廚房，檯面上有可供外帶的糕餅區，於是我買了一串比司吉回家嘗嘗——真的好吃耶！當時就對這個毫不起眼的小店有了特別的印象，日後我也成了這家店的主顧客。

後來，2017年我在中壢的「1910 House Café Gallary」個展時，老闆范姜先生告訴我：「淡水坪頂路口有家甜點店相當好吃，1910裡的甜品都出自這家小店每日配送。」這個訊息讓我驚奇不已：這究竟是什麼樣的緣分啊？

趁著天氣好，背起了畫具往閒恬速寫去，剛好阿潘姐也在雲罣裡面，便透過潘姐認識了老闆小潔，我們就聊了起來。有著荷蘭籍的華人老闆小潔和我分享，當他們的甜點已經分別在台北幾個點供應時，她還是個「nobody」，直到1910 House Café創立開幕，范姜大哥找到小潔的粉專，並尊稱她為「老師」，與她約好到坪頂路試吃甜點，當范姜大哥帶著大廚抵達店裡時，兩人被眼前一整桌的誠意震攝與觸動，當下確定這就是他們要找的廠商。日後每次范姜大哥將小潔介紹給其他人時，一定都會鄭重地說：「這是我的甜點師傅，小潔。」此舉讓小潔大為感動。

小潔表示，「堅持」是一般商業用語，她的理念不是堅持，而是把生活裡的「食用習慣」分享出來，習慣是一種無法複製的獨特配方，就像是閉關修煉一樣，當門一打開，已經武功高強。她很喜歡坪頂路上這間遠離都會繁雜的老宅，創業之時沒有任何人脈，全憑她的好手藝建立起口碑，慢慢等到在松菸、赤峰街等有名的咖啡店都賣起她的檸檬塔、鹹派之後，她才終於有能力裝修廚房，騰出一點展示甜品的空間。也就是我第一次經過這間店時，所看到的樣貌。後來有一天我又發現，連旁邊那間空著的廢墟也裝修好了，變成用餐區，除了甜點之外，還有幾種不同口味的義大利麵喔！

　　閒恬加上雲璽一排共三間白屋，只有幾步路的距離，連成一條充滿樂趣的線，真是輕軌開通後的一大福音啊！所以，竿蓁林站下車後，先到雲璽參觀，然後走到隔壁享受中餐與下午茶，應是不錯的小確幸旅程喔！

2019.5.
閒恬.

閒恬就在雲璽隔壁，比雲璽早幾年開幕，整體空間恬淡而閒適。

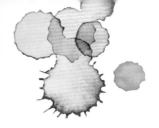

# 阿妮担仔麵

看見寫著經典台南小吃「担仔麵」的招牌大剌剌地出現在淡水的時候，我心中便嘀咕著：「誰那麼大的膽識，竟敢自稱担仔麵，是打哪兒來的自信？還開在醒目的淡金路上？待我這南部人穿上風衣、戴上墨鏡，去探個來龍去脈。」

點了招牌担仔麵、燙青菜、滷虱目魚肚，老闆娘說湯不夠可以再加。我迫不及待地拿起湯勺先嘗了一口，湯頭是大骨熬的，鹹淡適中夠味，尤其上頭淋的肉燥香氣，簡直就是台南担仔麵無誤。但是怎麼能夠做得那麼道地？這究竟是麵條與湯頭之間的愛恨情仇？還是肥肉與瘦肉之間的利益糾葛？讓我們繼續看下去。

原來老闆的二姐夫是經營台南担仔麵攤的，看到老闆夫妻倆一直辛苦地替換朝不保夕的工作，決定把担仔麵炒肉燥的功夫傳授給他們，也剛好他們曾經營海鮮店，有掌廚的經驗，在千禧年學成後，開了這家店，胼手胝足不畏艱辛，每天為客人準備午晚餐，至今已整整19年了。

店裡的青菜都是老闆自己種的，每天利用下午店休的時間，騎著摩托車到離家九公里外的番仔田農地耕作，每個季節都有不一樣的收成，有活力菜（日本枸杞）、空心菜、皇宮菜、川七、芥菜等等，而且絕不灑農藥。因此店裡古早味十足的青菜竹

簍旁立著一片瓦楞紙，上面寫著「老闆愛心種的，自己吃，有蟲請見諒。」看了不覺逗趣。老闆娘阿妮說：「真的！有些蟲就是緊緊抱住菜莖，很用力清洗了還是有洗不掉的。」除了蔬菜，也種火龍果、芭蕉、柚子、百香果，還有洛神花，三不五時店裡也買得到喔！

阿妮担仔麵最大的特色就是「現煮」，牆上寫了五十多種菜色，除了鹹蚋仔、滷虱目魚和鵝肉，其他都要現炒。阿妮向我介紹：老闆親手醃漬的蘿蔔炒起飯來香味四溢，相當受歡迎，是素食者的最愛，也是這兩年的新菜色，但是人多的時候盡量不要點，因為老闆曾經炒到翻臉。哈哈！太有趣了！還有夏天才有的火龍果花蛋花湯、炒火龍果花，都是新開發的菜色。我長這麼大，從沒聽過火龍果除了果實以外的部分還能利用，讓我大開眼界。作為主顧客這麼多年的我，下次打算呼朋引伴要來點蘿蔔炒飯跟火龍果花系列。這兩道創意台式菜色，世間應該是少有了。

阿妮担仔麵最大的特色就是「現點現做」,
牆上寫滿了五十多種菜色,幾乎全部都是現炒。

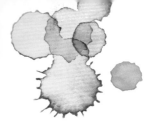

# 阿娥排骨麵

座無虛席，點餐要快

說真心話，知道阿娥排骨麵的存在已經很久了，但由於其外觀太「自然」，而我想要圖個悠哉的用餐環境，所以從來沒考慮進去過，直到某天看了朋友臉書上的介紹，決定來試試。

這天趁著有朋自遠方來，打算去阿娥外帶餐點回家，以避開各家餐廳皆擁擠的週末。中午11點30分接到朋友後，直搗阿娥排骨黃龍府。「天啊！這是什麼狀況？」遠遠地我就看到店外並排的車龍已經綿延數公尺，連「命帶停車格」的我竟也卡不到車位，只好派朋友一人留守車內閃燈，以防有車主出入。

一進到室內，又一次令我驚呼連連，除了座無虛席之外，菜色更是多到寫滿了牆面。點菜全靠店員媽媽的問句：「來！要什麼？外帶還是內用？」由於外帶點餐的位置處在開放式廚房、座位區與門口的交界處，還沒想好要點什麼的我，便穿越座位區到後面一處角落，睜大眼睛研究牆上琳琅滿目的菜單。幾乎網羅了台灣小吃店的所有精華，如骨仔肉乾麵、虱目魚湯、滷肉飯……等，只差沒有蚵仔煎了。

當我正在思考著，第一次來訪肯定要吃碗招牌排骨麵時，碰巧看到店員與客人為了三碗排骨麵「並非外帶而是內用」爭執不休，連站的位置都擠得困難的我果斷決定：就接收這三碗了。接著走向廚房櫃檯，看到什麼就點什麼，鯊魚煙、紅糟肉、小章魚……，以迅雷不及掩耳之速度付了帳，離開這個令人著急的場域。

回到家中，把排骨麵倒進碗裡，料多到要爆炸了！嘗過以後，我才明白生意這麼好實是理所當然，不但是美味的家常口味，還很平價。排骨酥用了豬軟骨的部分，以胡椒醃上一天，再裹粉酥炸，放入用洋蔥、蘋果及豬大骨熬製的湯汁裡，擺上蔬菜與溏心蛋，這一碗帶有胡椒香、相當飽足的麵，就是此店招牌了。光是牆上的那些菜肴，如果每天每一餐都去光顧，應該也要一個月才能吃完一輪。

據說輕軌開通後生意更好了，就在北新站不遠處，
招牌很活潑顯眼，你不會錯過的。

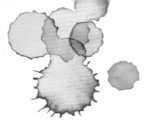

# 公司田溪程氏古厝

三合院在台灣鄉間都還普遍「健在」，不足為奇，但在高樓林立的淡海新市鎮重劃區裡，這間低矮的閩南三合院就顯得十分耀眼，從屋外的小徑進入這一小片腹地，些許竹林點綴出鄉村風情。因有公司田溪水圳流過，所以全名為「公司田溪程氏古厝」。

二十多年前政府徵收土地後，程氏古厝是這一區碩果僅存的農宅，能免於被拆的命運有兩個原因：一是程家人一直住在裡面，每天開飯時間還需要開兩大桌，所以保存完整，二是在1884年中法戰爭滬尾之役時，清軍曾駐紮在周邊，所以有其歷史定位。感謝文史工作者竭力搶救，最終以「公園綠地」的形式保留下來，在2003年登錄為「歷史建築」，2012年修復完成並對外開放。百年前先民在此開荒闢地、農忙生活的蛛絲馬跡，終得予後人回顧。

這間三合院的建造年代已不可考，最早為楊矮先生所有。清乾隆年間，程耀事先生從晉江來台定居，直到第四代程榮申先生去世後，其遺孀吳麥向地主楊矮買下。這段故事還有個民間趣聞，相傳吳麥有天農忙回來，赫然發現大灶上居然有隻鴨子，情急之下拿鍋蓋蓋上活捉，再打開時，鴨子正下著金鴨蛋，消息以訛傳訛，最後的版本是：吳麥因為捉到一隻會下金鴨蛋的母鴨，帶著四個小孩的她，才有錢買下這間農宅。不過，程家人則說錢是太祖母自己積攢下來的，我也覺得程家人的說法可信度比較高。

## 展現早期民家生活

坐西北朝東南、以左護龍抵擋東北季風的程氏古厝，屬於五開間，正廳一間，左右各兩間，有左右護龍包圍。基座是大屯火山熔岩，上方是唐山斗磚（尺二磚）。正身沒有雨遮，因世代都住老百姓，所以是只有「馬背」沒有「燕尾」的一般民宅。

正廳原是放神明與祖先牌位的地方，目前是定期開課的木工教室，也曾開過藍染、竹編等課程。早期淡水山上有「大菁」，是藍染的原料，但由於稻米與茶葉的經濟效益高，藍染產業才逐漸沒落並消失。開設藍染課程是意圖找回曾經的生活樣貌。基座牆有縫，外窄內寬，原來是槍孔！這裡離海邊比較近，這是用來防禦海盜的。

左右內廳目前用來展示早期生活的用

淡海新市鎮高樓林立，這間低矮的閩南三合院特別引人注目。

具，幾台老舊的收音機及從前的木床。我小時候去台南爺爺家時有睡過這種木床。房間也有閣樓，還有廚房的大灶咖、煙囪、蒸籠、搓湯圓用的竹篩、冰箱還沒出現時，蓋飯菜的網紗桌蓋及舊菜廚……，在在貼近我童年的鄉村記憶。

## 建築細節藏先民智慧

早年的地板多為泥地，容易有老鼠出沒，所以右邊護龍的門下方有貓洞，夜晚關門之後，貓可以自由進出捕捉老鼠。左邊護龍展示著有關淡水的古蹟全貌，讓民眾更完整了解淡水。環顧四周，每一片門窗上都貼著大紅吉祥的春聯，是很典型的台灣民間樣貌。

前庭曾經為曬穀場，現在放置許多綠色盆栽、香草，以及作為木工用的漂流木。走出古厝向右轉，可見大約一公尺見方的一塊展示牆，裡面是百年前製作牆壁的原料。土牆外層是用泥巴黏上稻稈，讓雨水得以順著稻稈往下流，內牆較不容易潮濕，這是先民為防雨而產生的建築智慧，這樣的形式就稱作「穿草衫」，描述房子像穿衣服一樣。穿瓦衫則在屋頂山牆，長相像魚鱗，功能一樣，只是作法不同。我第一次看見穿瓦衫，覺得好像是房子穿戴古時的盔甲戰袍，雄赳赳氣昂昂的。

這個新市鎮裡的老房子，曾經見證過戰爭與面臨被徵收摧毀的驚險歷練，看看重生後的它，除了帶我們遠離紅塵俗世的紛擾，也能分外珍惜生於和平年代的幸福。

146

漫 遊 散 策

　　除了週一休館，其他時間都有導覽人員服務。相關課程上網可查詢。搭乘輕軌到濱海沙崙站，走一小段路即可到達。或騎上UBike去古厝逛逛，再到沙崙海邊，也是不錯的選擇喔！

看到舊時的廚房樣貌，兒時在鄉村生活的回憶瞬間湧上心頭，不論大灶咖、煙囪、蒸籠、搓湯圓用的竹篩等，都好親切。

在地美食

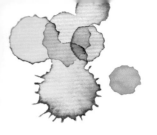

# 滬尾豆花

豆香，是幸福的味道

我非常喜歡吃豆花，總會連結那一段好奇的童年。小時候住在南部小小後火車站邊的小巷子裡，斜對面有一戶人家是賣豆花的。天未亮，我就會跑去看他們搗豆漿，那種天然的豆香，聞著都覺得幸福。

我還喜歡看賣豆花的歐巴桑拿著平勺，一層一層舀起豆花薄片放到碗裡，再淋上一湯匙才熬好的蔗糖漿，那送進嘴裡的甜滋味至今難忘。所以，不論到哪條老街，我大概都會尋找豆花，它大概是我的一號鄉愁吧！

關於豆花由來的傳說很多，只有《本草綱目》裡記載「豆腐之法，始於漢淮南王劉安」，是可以確認無誤的資訊。豆花與豆腐等豆製品，應該是同一個源頭，作法不同而已。隨著物資條件的富饒，豆花的花樣也開始五花八門，有布丁豆花、三色豆花，甚至像剉冰一樣，可以加入各種甜品。像是紅豆、綠豆、粉圓、芋頭、大花豆、水煮花生等等，冷熱皆宜，滿足現代人喜歡嘗鮮的味蕾。

這家店用「滬尾」當名稱，就知道是淡水在地小吃。店徽上顯示從1976年開始在英專路的小小巷弄裡開業，現任的老闆娘是第二代，接手自婆家原來就已經琳琅滿目的樣式。有可可豆花、杏仁豆花、還有

外面吃不到的葡萄乾豆花等等，共13種。牆上有《美鳳有約》來訪的紀錄、與美鳳姐的合照，《食尚玩家》的浩角翔起也來過這裡。

點了一碗我最愛的大花豆豆花，想先吃完後，再仔細地了解這間店，沒想到才起身往櫃檯，話都還沒說出口，正忙著服務外帶客人的老闆娘已搶先開口：

「妳是小南方吼？」

「是的，我每天都是。我等一下可以請教您這家店的一些相關資訊嗎？」

「可以啊！但是我等一下沒空，要去外送，怎麼沒有約大南方一起來？」

「那我現在請教您可以嗎？」

「也可以啊！啊怎麼會要妳畫淡水？妳不是住在新店嗎？妳們現在還有演出嗎？」

我真的「笑嘎並軌」，這下到底是誰在訪問誰？時間緊迫啊！老闆娘真趣味。

滬尾豆花每天從早上11點營業到晚上11點，一碗賣35元，是今年年初才漲價的，

完全是小本生意。我聽鄰桌的客人也在討論：若不是自己的店，恐怕很划不來。但是能夠讓人們心心念念，肯定是經典！這一碗可當作午後點心，也可以是飯後甜點，反正我們的胃絕對願意空出一點空間來裝下它的！

只要逛老街，我都會尋找豆花的蹤影，幾乎可說是我的一號鄉愁了！最愛的是大花豆豆花。

## 漫 遊 散 策

──巷子口就是英專路，是淡水熱鬧的商店街。還有大都會廣場好逛。過了馬路就是淡水河邊與老街，要怎麼安排就自己決定囉！

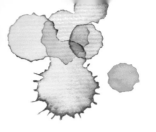

# 中山五十六

已經超過一甲子的在地美食中山五十六，顧名思義，就位在中山路的五十六號。但是從2014年中秋節起，已經遷到老街後段的馬偕先生頭像旁重新開張了。我曾經去原店址吃過，小小的店全坐滿了人，人潮甚至溢到店外的路邊座位區。

老老闆郭媽媽說，剛開始的前30年，是母親的好友在經營，因為她的女兒都已嫁人，自己年紀也大了，於是將製作紅燒肉、切仔麵、肉羹麵的功夫全部傳授給郭媽媽。為了有更多元的菜色變換，郭媽媽自己又研發了古早肉和幾道小菜。多年後，原址因房租漸漲，小本生意無法負擔，跟女兒決定另覓新處。歇業一年多，有個朋友的房子正好空著，便承租下來，交由二女兒（二姐）全權管理，除了傳承老店的菜色，也增加了更多的創意料理。

我們四人點了一整桌菜，首先登場的是鎮店之寶——紅糟肉，外脆內軟，接連上桌的是鮮嫩古早肉、胡麻南瓜沙拉、涼拌黑木耳、甜不辣和淡水魚丸湯。清爽的「苦盡甘來」是用梅子醃製的綠苦瓜，另外，一定要特別介紹扎實飽滿的鮮肉餛飩，它就像一張專輯中不是主打的歌，卻也超級亮眼的B面第三首。牆上還有幾行幽默的菜單，看得我直發笑，像「狼心狗肺」，就是豬心與豬肺做成拼盤，是人稱二姐的現任老闆設計的。

郭媽媽說好吃的祕訣只有一個，就是當作自己要吃的，所以用心調配每一道單品的口感，青菜也都是親家自己種的。除了紅糟肉是鎮店之寶外，招牌切仔麵也不遑多讓，湯麵的配料有紅糟肉、古早肉和淡水魚丸，一整碗的飽足，什麼都吃到了，特別適合一人食。

我總是眼睛大胃口小，一餐的「胃置」裝不下多少，這一次就先嘗嘗好吃的小菜也已夠飽的的。遺憾總是最美，留待下一次，一定空著肚再來。

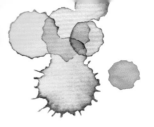

# 阿給

「阿給」是「油豆腐皮」的日語發音，阿給之於淡水，就如同虱目魚粥之於台南那樣理所當然。外型如拳頭般大小的豆皮裡包著飽滿的冬粉絲，蒸熟後淋上自製醬料，就成了各家獨門配方，是早期淡水人的早餐，也是淡水最具特色的點心之一。吃過幾家之後，我也有了口袋名單。

## 吳家阿給

吳家阿給是當地人極力推薦的店家，我的歌唱搭擋大南方也特別叮嚀我，除了阿給之外，一定要品嘗它的蛋餅，她是美食之都台南長大的，台南人說好吃就肯定無須懷疑。

樸素的店面位在水源路通往中山路的轉角，毫不起眼，而是因為尋常的小巷弄裡竟然出現排隊陣容，才格外引人注目。只見店員七手八腳卻有邏輯地在打包阿給、粽子、蛋餅。我排在第四位，但是等了好久，因為排頭那位樣貌很有分量的媽媽訂的是一箱。

煎蛋餅的阿嬤佝僂著身軀卻幹勁十足，問了問客人蛋餅需要的數量，就開了火倒上油，舀起一勺勺用麵粉調和的漿放入煎盤中。我算了算，一次總共可煎八個蛋餅，將每一片翻面後再誠意滿滿打上一顆蛋，個個煎得金黃且蛋香四溢，可見真是厲害的功夫。

已經七十多歲的阿嬤是從台南新營嫁過來的，傳承自上一個老闆的手藝，以甜辣醬為底的醬料是自己研發的，不管淋上蛋餅或阿給，都是絕配。阿給還會加上柴魚味道高湯，一賣都超過30個年頭了，從來都是獨門，並沒有轉賣給其他的店家喔！阿嬤還說，有曾經賣蚵仔煎的店家想訂她的醬料，但是她只想把這個味道留在吳家門市。

這輩子曬太陽排隊買美食的經驗不多，一轉身，我後面也排了四、五個準備外帶的年輕人。擦了擦汗水，終於輪到我點餐，要結帳時，卻因為找不到放在背包裡固定位置的錢包而一陣心慌，沒想到有位年輕的男士竟然發現，跟我說：「在妳包包前面的那格啊！」哈哈！真是耶，剛才拿出來的，自己卻忘了，反正我的迷糊已經無藥可救，向那位男士說聲謝謝後，我就開心地帶著阿給和蛋餅回家了！

吳家阿給是當地人
極力推薦的店家。

## 素食阿給

第二家要推薦的口袋名單是位於無極天元宮旁邊的素食阿給。一般阿給的上皮都是用魚丸漿製作的，而這家是用山藥混合小麥粉的口感，個人覺得清爽好吃。醬料是用味增熬煮小番茄，再加上一小匙特製花椒，吃之前的第一個動作，必須將碗裡的阿給整個翻過來，與醬汁充分融合，醬汁微辣，是我多年來喜歡去的小店。

小老闆說傳統的吃法是將阿給放在耐高溫的塑膠袋裡，混合著醬料一起吃，現在則怕太乾，所以大多會加高湯或開水在碗裡攪拌。他們之所以加上花椒，是為了幫助客人排除體內的濕氣，這樣的醫學概念，或許源自於父親是中醫的關係。

話說有天中午經過，點了一份阿給和海帶素丸湯，快吃完的時候正好有一群客人走了進來，因店內位子不多，他們就跟我併桌了。可能是第一次進來，有個穿著「阿姨紫」外套的女人，就好奇問了我一長串。

「%@$&¥……妳那個阿給好出（吃）嗎？」我點了點頭。她又説：「拍謝啦！偶南部愣（人）啦！比較聳（俗氣），啊妳哪裡愣蛤？」我奮力吞下最後一口阿給，噗嗤地笑出來，回答她：「南部人。」這位阿姨啊，我是想說，個人造業個人擔，雖然我自己也是村姑一枚，可從沒有把所有的南部人都拖下水喔！

### 漫遊散策

淡水最知名的阿給，應該就屬真理街上的文化阿給與三姊妹阿給了，兩家之間還有一家店沒有店名，但它其實是最早註冊的阿給店家。這些老字號的店家是無數人的家鄉味，老街上也還有許多阿給店家，大家可以選擇自己所愛來享用喔！

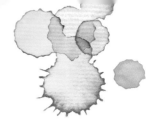

# 黑殿飯店

多年前有次讀書會聚會訂便當，是我第一次吃到黑店排骨，裡面除了未經裹粉醃製的扎實排骨肉與雲林酸菜炒炸醬之外，就是好吃的台梗九號米飯，沒有其他的菜色，有別於市售的排骨便當風味。

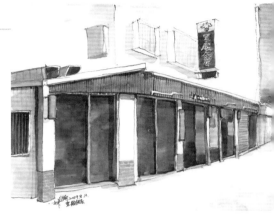

我在捷運站旁的右岸店也吃過很棒的雙醬麵，還有厲害的黃金泡菜。這一次直搗黃龍，從古蹟園區往沙崙方向的創始店，挖掘淡水人記憶中的好味道。

以招牌帶骨排骨飯聞名於淡水的黑殿，舊稱「黑店」，是許文苑先生於1971年從海軍退伍後創賣的家鄉味。在那個物資缺乏的年代，沒有店名的黑店還只是木板搭建的攤販，下雨的時候室內會滴水，來用餐的客人都無奈笑說：「乾麵都快吃成湯麵了！」為了改善這個狀況，許先生就將木板全部塗上最防水的柏油。從此後，大家總是開玩笑，要去吃那家黑黑的店，就這麼弄拙成巧，黑店因此而得名。

本來只有一個靠三角窗的原始店面，為了讓客人有更好的用餐環境，於2010年在第三代經營下擴建成三間房子寬。兩層的清爽樓面，除了傳承一二代的經典口味，也將原來的牛肉麵升級至牛五寶，麵條是黃金小麥製成的。因為「黑店」已被註冊，所以招牌改為「黑殿飯店」，老闆還特別租下對面空地當作停車場，徹底以客為尊。牆上的布告板特別叮嚀：找到座位，畫好菜單，寫上桌號，再前往櫃檯點菜。

我與朋友們點了和風涼麵、川味擔擔麵、素香乾麵來嘗鮮。大家一致認為，麵醬搭配得宜，沒有各忙各的，也沒有同床異夢。還有純豆釀醬油的滷味與青菜，檸檬冬瓜露也相當有水準，吃到一點沒剩。店內還有干貝醬、胡椒鹽之類的伴手禮。為了不讓食客跑這麼遠，第三家黑殿飯店在捷運芝山站附近開張了，這個將近50年的經典小吃店就像一首好聽的歌，除了不被忘記之外，還要傳唱千里。

154

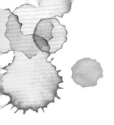

# 廣泰香西點麵包

三顧草廬終得麵包歸

每次從六塊厝回家的路上，總會經過相當知名的廣泰香麵包店，卻一次也沒遇上麵包出爐的時間，往往只剩下吐司餐包、幾塊巧克力三角蛋糕和蛋黃酥，其餘早已被一掃而光。沒有絢麗的西點招牌與內部裝修，能有這樣的銷售成績，肯定有過人之處！

這裡最有名的是菠蘿麵包，有奶酥、紅豆、芋泥、肉鬆等鹹甜口味。老老闆王先生說，麵包店已經交給兒子經營與發揚光大，並說每天下午4點來，會有比較多的選擇，也就是「下次請早」啦。

既然已售完，那無魚蝦也好，先買條吐司與餐包回去當早餐。第二天一早醒來，我迫不及待先把麵包放進烤箱，麵包的香氣猶如熟悉的童年味道，吐司也越嚼越香。又一次，我5點多趕去，架上一樣空空如也，覺得又悶又好笑，真懷疑今天真的有麵包出爐嗎？看來我只有準時4點到了，我就不相信我買不成。

這一天下午有空檔，大約4點15分抵達店門口，店裡已經有不少客人。我戰戰兢兢進入，鎖定菠蘿麵包，以二話不說、亂槍打鳥的態勢，一口氣將芋泥、紅豆、叉燒、肉鬆、安佳奶油、奶酥等口味全夾上盤子，買單走人，前後花不到兩分鐘。

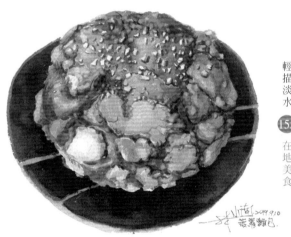

到家後，立刻將長相最漂亮的叉燒口味置於盤中，實在香味四溢，令人垂涎三尺，迫不及待想嘗嘗。但是，我必須在它與我融為一體前，先畫下它的「遺照」。一切的等待都是值得的！叉燒菠蘿麵包果然不負期望，怪不得每天門庭若市，賣到一點不剩。來這裡真的不能隨緣，如果不守株待兔，就只能吃紅蘿蔔了！

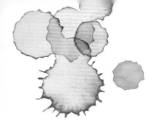

# 黑輝伯專業滷肉飯

米粒勁道Q彈

有次一早看見淡水的好友在臉書上打卡黑輝伯滷肉飯，第二天另一個朋友又在臉書上介紹。我想，既然是淡水人都喜歡的早餐，那一定要來吃吃看。

已經斑駁掉漆的招牌橫掛在店門口。早上8點半的時候，客人還有兩三桌，通常9點半就收攤了。我點了一碗分量一點也不小的小碗滷肉飯，飯粒有相當Q彈的勁道，還有一碗銅板價虱目魚湯，足足有半條虱目魚在薑絲湯裡，看到隔壁桌滿滿是蚵仔的大碗湯，這麼大方的用料，不知道哪裡還有。

現任的小李老闆是第二代，小時候會跟著父親推著攤車去賣刈包、滷肉飯。從一天只賣兩、三份，慢慢累積客源，後來租下這間店面。因為父親小時候很喜歡跟阿公在一起，所以就把店名取為「黑輝伯」，是曾祖父的名字。

老老闆凌晨兩點開始備料，不要懷疑，就是這麼早。因為許多釣客真的會在這時候來等門吃東西，所以幾乎全年無休，星期天更要起早到三重果菜市場進貨。我問老闆為何不直接在淡水買，他說：「三重市場大，整體批貨還是會便宜些。」真的，對於薄利多銷只求溫飽的店家而言，能便宜一元是一元了。問他對未來有沒有想

法，他說本想今年幫父親報名參加「2019台北滷肉飯節」，但是因為還沒有營業登記，所以正在積極努力把這件事辦妥，也要把店的環境再整理得更好，其實也想打出自己的品牌，做真空包裝與超商通路合作。有夢最美，天道酬勤。祝福小李老闆心想事成，在滷肉飯業界闖出一片天。

漫遊散策

在這裡吃飽喝足若沒有特別的事，還可以往回走，遇到圭柔山路右轉直走，有個山中稻田叫「三芝田心」，美麗的山景倒映在小小水田，沿著池邊走走，曬曬早晨溫暖的太陽，是不錯的行程喔！

156

山區祕境

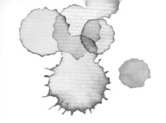

# 阿凡真鄉野烘焙館

自家種的田園美味

阿凡真鄉野烘焙館，是坪頂路往北新路上山中遺世獨立的田園餐廳，四周圍除了綠色還是綠色，2014年才開始對外營業，沿著山坡地形而建造的空間，園區裡有芭蕉樹、竹林、六百棵桂花、紫色野牡丹等等，蓊蓊鬱鬱好不熱鬧。

屬於無菜單料理的阿凡真，分為兩個用餐區。一個是第一層樓的清淨餐區，沿著階梯而上，經過桂竹剖面銜接裝飾的大牆進入，也是阿凡真烘焙專區。另一區是再往上走一層的景觀台餐區，可遠望觀音山、淡水河及台北港。

我因為好奇而闖進這家店，剛坐下來時是有些忐忑的。知道每客套餐要價台幣650元後，更是瞠目結舌。不過也沒有回頭路了，戰戰兢兢地等著，反正最壞的打算就是填飽肚子而已。前菜來了，是自製的洛神花蜜餞及自釀的梅子酵素。沙拉也是自釀梅子油醋紅醬，還帶一點哇沙比的味道，滋味清爽天然。才第一道菜登場而已，我已經完全被征服了，證明自己剛才真是小人之心來著，哈！

不一會兒，有個老先生來跟我們聊天，才知阿凡真是以女兒的名字「凡真」來命名，一樓烘焙專區的麵包餅乾都是老闆女兒傳承自日本師傅的手藝，用心製作，也用自製水果發酵的柑橘老麵來做麵包。

老闆告訴我們，桂竹牆十多年不長蟲的祕訣，是因為浸泡過鹽水一星期，再用機車的機油擦過便一勞永逸。而我們所吃的每一種菜，都是他跟太太自己種的，為了不要灑農藥，特地挑選蟲不會咬的菜，像是三蘇、龍鬚、秋葵、西洋芹等，完全可以安心食用。也因為無法管理太多樣，便委託附近的阿婆來幫忙種菜。園區裡的水果成熟，就用來請客人享用，連茶葉與洛神花，都是來自台東自家土地生產。

用完主餐，我已經快飽到腦袋了，想先去一下洗手間。由於在戶外，需要走下階梯，可是有點山雨欲來的態勢，老闆要我先走下去，他會把傘準備好在我回程經過的路口。等我回到景觀區路口，果然一眼就看到雨傘掛在桂花樹枝上，真的不會錯過它！帶著飽足的健康營養，連吃不下的甜點與烏梅咖啡都一併帶走，像是在打包阿凡真的真誠與用心一樣。經過這一餐，這裡已經從好奇升等成「沒齒難忘」的口袋名單，又多了一個用餐的好去處。

坐落山區的阿凡真，四周除了綠色還是綠色，
可同時享受到田園美味與清幽的環境。

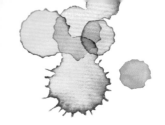

# 小坪頂土雞農家菜

推薦招牌山泉水雕

　　這些年來因為房屋不斷增建，水管瓦斯管及電線的管線需求，路面不斷挖掘，必須犧牲一個線道。之後又建造輕軌，所以淡金路往台北市的方向，在上下班時間總是塞得水泄不通，坪頂路是唯一能避開塞車通往台北的替代道路。而在坪頂山區裡一定得經過的三叉路口，向右往台北市，左轉往淡水三芝，就是坪頂農家菜的位置。

　　坪頂農家菜餐廳於兩年前左右開幕，老闆說這個空間是自己的，旁邊的釣魚場也是他的。好巧，這裡也是我的祕境，多年前曾完成一幅油畫作品〈去山上釣魚〉，畫的就是這裡。

　　菜色很多，類似一般的台菜快炒店，筷子、湯匙、碗都是自助，飯是免費的喔！南瓜米粉是我常點的，還有鹹蛋杏鮑菇也很特別，涼拌竹筍在夏季尤其鮮甜脆嫩。店內招牌是吳郭魚，放在菜單上有個厲害的名稱叫「山泉水雕」，幾乎每一桌都有點這道，極為好吃。老闆很親切，還會到每桌問候。門口一進來兩邊架子上的蔬果都是老闆自己種的，龍鬚菜、地瓜葉、南瓜、絲瓜、竹筍……，每季、每天的青菜都不一樣，並低於市價賣出，一下就賣完了。

　　飯後附水果，但不是每一次都有，完全看店裡最近收成什麼。這一次吃的是西瓜，一塊大概有兩公分厚，真是很平價慷慨的店家，難怪每次用餐時間幾乎都滿桌，還有外送服務喔！

坪頂山區往台北市必經的三叉口，店家就在前方。

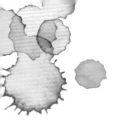

# 阿三哥休閒農莊

滿懷生機的自然風餐廳

阿三哥這個名稱的由來，並非因老闆名字裡有「三」，也不是家中排行老三，而是老闆的全名「廖為森」的「森」，閩南語發音就是「三」，叫著叫著就成了「阿三哥」。從報社退休之後，老闆就與阿三嫂在淡水山區樹林口經營農莊。農莊裡的餐廳是無菜單料理，以茶籽油入菜是最大特色。農莊提供參觀及戶外教學解說，掌廚的阿三哥夫婦每日還需農忙，所以用餐採預約制，沒預約可是會撲空的。

## 自然生態大觀園

廣大的綠色草坪，生機勃勃的香水合歡、紫牡丹、桃樹等在周圍肆無忌憚地綻放。前庭下有個木炭窯製作模型，需要走一段小坡路才能見到原形本尊。

阿三嫂帶著我邊走邊聊，踏上了農莊的步道，兩旁的生態目不暇給，農莊裡每棵植物，她都為它們寫下了文章。她

台灣在地唯一保存最完整的木炭窯，已有60年歷史。

隨手拉住白匏子的葉片，要我仔細看接近樹莖部分的兩隻螞蟻，那裡有兩個腺孔，是植物的蜜腺，油桐花和鳳仙花的葉子都有，因為有甜味，所以螞蟻會去吸吮。她也帶我觸摸葉子的柔嫩質感，順口唸了一首古老的台語詩：「風吹葉翻像海浪，葉面兩色真分明，山裡內急真好用，可以當作粗紙用，螞蟻築巢在樹頂，要吃三餐不用忙。」太有意思了！聽得我當場哈哈大笑，這葉子的柔軟度的確可以代替衛生紙來應急。聊著聊著，我已經走到淡水僅存的「木炭窯」了。

這是一座台灣早期燒製木炭的木炭窯，是在地唯一保存最完整的，至今已有60年之久。從前還沒出現瓦斯的時候，木炭就是能源，當時滿山都是相思樹，伐木工人會砍下總重量將近一萬斤的相思樹，讓每一根大頭朝上，立在橢圓形的窯中，窯的前方有個加熱口，白煙由三個壁面煙囪冒出。需要燃燒半個月才成炭，再等半個月降溫至常溫才可使用，這時只剩四分之一的重量了。有趣的阿三嫂還做了一首台語打油詩當作導覽小抄，但我在此先賣個關子，等她唸給你聽。

接著，我們繞到木炭窯後方一株高聳的刺蔥旁，樹幹上有許多黑點，仔細一看，是蟬！至少有50隻！往往只聞其聲不見其影的蟬，這是我這輩子第一次看到這麼多！再往樹梢一望，才驚覺今天的天空超級藍。往上坡是茶園，有一條路可繞回農莊，但我們反方向走了小徑，我想，阿三嫂一定還有很多故事。

## 信手拈來都是故事

紅葉鐵莧，沒有陽光也能活的耐陰植栽，滿布在石板小路的兩旁，長得有點像變葉木。阿三嫂隨手指著大有來頭的梔子花說，它可以染布，也可著色於古早味便當裡的黃蘿蔔，或是初一、十五民間拜拜用的黃色豆乾。路上還有可做成池上便當盒的竹片「江某」，翻成閩南語就是「公母」，是製作木屐鞋的材料，因為木屐鞋不分左右，也因為江某很難起火，又不耐燒，通常不會砍去當柴火，所以長得還算茂盛。一路聽到這裡，許多原本知其然，不知其所以然的事情都被解開，阿三嫂真是知識淵博啊！

這一趟路真的獲得很多知識，我認為阿三嫂就是一本行走的植物百科全書，手隨便一指就是一頁書，而且每一頁都實地在生活中繼續體驗著。

2019.8.2

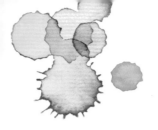

# 三空泉休閒農場

遠離塵囂的生活

離開阿三哥農莊，小心地駛下29度的大斜坡，阿三嫂繼續聊著她聽老一輩談論的三空泉的典故——大約在木炭窯右邊的地勢，形狀像一隻「倒趴獅」，在頭，腹及尾三個部位，正好有三個天然的湧泉孔，閩南語發音是「三港泉」，所以翻成中文的發音就叫做「三空泉」。

我們來到樹林口7-1號的斜對面，是第一個湧泉口，有活水洗衣間。剛好看見一位婦人在洗衣服，三個洗衣板還是古時候用的石頭板喔！我去摸了摸水，好涼喔！阿三嫂説，洗菜也可以，泉水常年大概維持17度左右。

走上另一邊的樹興里社區，看看「虎尾寮式」的三合院後，阿三嫂隨手往樹上一抓，稱為「破布烏」粗糙得像是菜瓜布的葉子，接著往身上衣服一沾，完全掉不下來。我嚴重懷疑魔鬼沾的發明就是模仿破布烏。不過，這也不足為奇，本來大自然就是最好的老師啊！

第二個湧泉口在阿三哥農場分園。沒有工業污染的三空泉區域，自古以來都是引泉水來灌溉、飲用，雖然現在家家戶戶都有自來水，仍備而不用。分園裡，阿三嫂的女兒三妹已經在簡單的木架棚攤位上擺好小農優格。不一會兒，許多老主顧紛紛到這裡來吃優格，閒聊聽音樂，都是沿著四通八達的山間小路散步來的。

阿三嫂從荷花池隨手摘下一朵蓮蓬，要我取出蓮子，剝開外層綠色的皮就可以吃。好甜喔！我生平第一次吃這麼新鮮的蓮子呢！

第三個湧泉口離這裡大約300公尺，以前這裡曾是芋田，但早已休耕。阿三嫂還説了個鄉土趣聞：當地有戶種芋頭的人家，為了容易被識別，鄰居就把他們三兄弟的名字冠上芋田，分別叫芋田義、芋田明、芋田生。

傍晚的天空依舊藍得透亮，有幾隻老鷹與不知名的飛鳥在空中盤旋。我這隻倦鳥也要帶著滿滿的知識歸巢了！希望以後我也能像阿三嫂一樣有雙魔法的手，信手一抓就能説出一個故事。嗯……好啦！我知道這不是手的問題，那我加油囉！

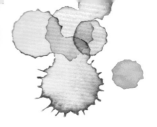

# 小農優格

自製優格健康美味

小農優格的老闆娘是阿三哥的女兒,她說平日在阿三哥農莊打雜,小至洗碗刷地板,大至收錢管帳。可以稱她「三妹」,但千萬不要叫她「小三」。這是她在阿三哥農莊音樂會那天上台致詞的幽默開場白。

對於優格的專業,來自於她曾經在生機飲食店的工作。她的工作是負責將原料做成健康的食品,再交給消費者。自己吃了之後覺得優格對身體很好,於是便愛上優格,家裡冰箱裡永遠準備著一桶。直到生了小孩之後,發覺小朋友的接受度很高,所以又研發許多口味來替換。有芒果、藍莓、火龍果、奇異果和百香果等等,依時令自製果醬變換。目前的產品有希臘式優格,水果優酪乳,冰棒這三種。

一般優格是液狀,水切過的希臘式優格已經濾掉乳清,口感較為結實,也稱為不會融化的冰淇淋,上面還綴有水果顆粒,不僅鈣質增加,營養價值更高。

三妹平常會在淡水樹林口的阿三哥農莊販售優格,有時在三空泉的農莊分園。為了不要撲空,可以到她的小農優格粉絲專頁約時間。

吃過她自製的優酪乳與優格產品後,就會知道為什麼大人小孩都會喜歡,我也訂了產品喔!

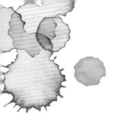

# 小農文創市集

自耕農齊聚一堂

由鄧公路進入三公里長的滬尾櫻花大道，途經樹興里辦公處，來到搭建著紅白帳篷的廣場上，是許多淡水在地小農組成的「小農文創市集」，2019年7月6日正式開市。每個星期六的早上9點至下午6點營業，一攤攤賣著自耕的無農藥蔬菜水果以及農產製品、放山雞蛋等，還有食用植栽，像彩椒、葡萄柚，以及自釀茶籽油。

週末下午三點多，小農市集裡只有代表樹林口農場的許太太駐守，正在裝罐她所做的曬蘿蔔乾、可以泡茶的龍眼花，還有婆婆製作的酸菜乾。她開玩笑地說：「我們小農都是『自做自售』。」為了表示支持，我也立刻買了一罐曬蘿蔔乾，用來煮湯或煎菜脯蛋都可以。

樹林口農場與市集只有一個籬笆之隔，裡面還有雞棚。我看到許多放山雞在茶園中奔跑，都是她養的快樂雞，於是又買了一盒快樂雞生的快樂蛋。不一會兒有個熟客來，對她喊著里長太太，原來跟我交談的許太太正是樹興里里長夫人。

樹興里的產業是茶籽油，一般的茶樹，葉子會被摘掉烘焙成茶葉，但是榨茶籽油就不能多採茶葉，否則會影響茶籽生長的數量。茶籽長得和龍眼一般大，尺寸若再大一點的是屬於苦茶品種，榨出來的油就是苦茶籽油，它的葉子不能泡茶來喝。

小農文創市集裡還有輕旅行的體驗課程，例如「跟著農夫下田去」。每個星期六早上在捷運輕軌鄧公站有接駁車，可到各個農場、社區景點、生態池、畚箕湖、木炭窯等等有趣的地方遊玩。詳情都在樹興社區網站上喔！有興趣的趕快安排時間，來一趟不一樣的旅程吧！

⒡ 淡水樹興社區

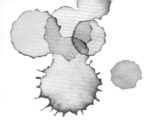

# KOOKS異嗑堂

汽車行至坪頂農家菜十字路口，左往淡水三芝方向轉幾個彎，就能看到位在淡水山區紅磚建造的異嗑堂，它的前身可是赫赫有名的德國小屋，開車經過時絕對會被它特殊的外觀吸引。店門口前就是停車區，招牌用許多瓶蓋「馬賽克式」拼接而成，上面寫著英文「KOOKS」。

從漆黑倒U字形的木頭大門走進去就是前院，眼前的塑膠遊戲器材及絨布木馬，一看就明白這裡是親子遊樂區。紅磚矮牆內是屋簷下的戶外用餐區，溫馨的布置宛如聖誕即將來臨的小小客廳，這時候，你會想坐下來。室內有大膽的牆面色塊、用回收木頭拼接的吧台，以及老闆手作的原木餐桌椅，簡單舒適接地氣。好聽的音樂不斷從屋子四處擴散出來，但是，如果要上洗手間，得要到戶外的停車場旁，廁所長相倒是挺可愛的。

第一家異嗑堂在淡水靠近英專路的仁愛街小巷弄裡，是老闆結束任職了十年的英語補習班之後開創的新事業，隨著小孩接連出生，原本作為餐廳供餐來源的家中廚房已無法滿足需求，適逢山區裡的德國小屋與屋主簽約期滿，於是他們緊接著進駐，開立了異嗑堂的分店，週一至週三作為中央廚房，只有週四至週日分店才對外營業。

我跟朋友們點了海鮮Pizza、招牌豬肋排，還有一道有超大蛤蠣的青醬麵。老闆用料大方，泰式與義式餐點都力求道地，也自製麵包，自己用老麵發酵，吃起來較不容易胃食道逆流。老闆娘Emma説一直有商家問他們要不要進駐台北，但她目前不想，因為很怕會因忙碌而錯過小孩成長的過程。用餐中，看她一面招呼客人，一面照顧小孩，蠟燭兩頭燒卻樂此不疲。離開時，我又再外帶了一份燻鮭魚Pizza和肉桂卷。

異嗑堂菜色豐富多樣，需要多來幾次，慢慢品嘗。假日來時，可以到擁擠熱鬧的河邊玩耍，再去附近的天元宮、山仔頂、楓樹湖步道走走，都是很不錯的選擇。

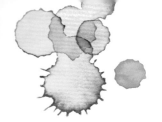

# 無極天元宮

## 趕赴3月櫻花雨

在淡粉色吉野櫻的召喚之下，每年3月中下旬，無極天元宮附近道路兩旁的小吃攤會如雨後春筍般冒出來，有賣草仔粿、杏仁油條、大腸包小腸、烤玉米等等來自各地的攤商。除此之外，附近的每一片空地在這段期間也將全部化身停車場，連稍遠一些的廢棄軍營都開放作停車用途。通往三芝的北新路總塞得水洩不通，彷彿汽車展覽會現場。

距離淡水市區大約五公里的天元宮，初始於民國61年，供奉主神為「玉皇大天尊」，有天元、真元、聚元三殿，是道教聖地。平日有山林的寧靜，宮前廣場可免費停車，周圍有自種自賣農產維生的菜攤。但如果要賞櫻兼朝聖一舉兩得，就真得在春天進行不可了。

這天一早出現最近幾天裡難得的大太陽，吃完早餐我便驅車從較不塞車的坪頂路進入山區，結果竟出現「本宮櫻花尚未開」的窘境。沒關係！所謂既來之則安之，「本宮」自有辦法。

還好我有幸在幾年前，曾在此目睹一場櫻花雨的浪漫情景，更難忘當下遊客的驚呼連連！我在上坡路旁的樹蔭坐下來，把枝幹先擺上畫面，背景為被光照耀的天元宮，然後，筆在手上，櫻花愛怎麼開就怎麼開！聽到路過的遊客談論：「剛才我們上去的時候她才在畫，現在不知畫好了沒有？」北京遊客一旁下指導棋：「妳的櫻花都開了呢！跟現場不一樣。」而菲律賓人用英文跟我說：「我們從妳的畫才能想像櫻花盛開的樣子，可以跟妳拍照嗎？」當然可以呀！拿下口罩與他們一同入鏡，做好國民外交。

畫完後，我繼續往上走，最上坡的杜鵑花，在3月初已經開得漂亮，也有健康步道及完善的戶外休憩空間。那就在石椅上坐一下吧！還挺涼快的。

筆在手上，櫻花愛怎麼開就怎麼開。
背景畫上被光照耀的天元宮。

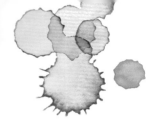

# Binma Area 134

有次從石牆仔內用完餐回家路上，發現北新路三段的左邊正在施工，當時就很期待會有新的開放空間進駐淡水。不久，網路上開始有了這家店試營運的好消息，趁著朋友來訪，立刻驅車一探究竟。

在大門口迎賓的，竟然是綠巨人浩克，還看見鹹蛋超人跟大白鯊也在戶外。思緒立刻轉換成電影模式飄蕩。跟著服務生經過樹屋，進入有面紅磚牆的玻璃廳間，座位前是戶外的吧台區，吧台後方有三間不同風格的水管屋，居中的那間是可供婚攝或MV租借的超大攝影棚。

原來這家店的老闆是個專業廣告攝影師，專門掌鏡全家福、小寶寶與寵物。喜歡收藏珍貴有特色的老物件，在2015年來到此地，原本只有鐵皮屋與水泥地，就當作放置個人收藏品的倉庫，偶而提供朋友們年節時聚會活動使用。沒想到因為每次賓主盡歡，無心插柳，意外地發展成一間店，開啟了老闆的「斜槓人生」。去年冬天開始營業，今年3月天元宮的櫻花季有較多人潮經過之後，漸漸打響知名度。

## 老舊裝飾混搭輕工業風格

玻璃屋內有相當老舊的「Engine Performance Tester」改裝成的杯盤自助Bar置

物櫃，同時也有隔間的功能，古典皮箱當作矮桌使用，廢棄浴缸上擺放吉祥物作裝飾，來自世界各地的寶藏目不暇給，豐盛了以後現代混搭輕工業風格裝修的空間。幾株室內植物點綴，毫不搶戲地柔和視覺。點了一杯水果氣泡水，好喝的程度讓初次來此的我對它的印象加了很多分數。

水管屋區是專為寵物而設的奔跑區，讓來的主人專心享受這裡的一景一物，心愛的毛小孩也可以在友善的戶外空間活動，它們的排泄物還可作為天然的灌溉。

傍晚時，從日式、歐式、工業風這三個不同風格的水管屋看夕陽，沒有任何遮蔽，視野剛好落在遠方日式神社的屋頂上，這般頂級的夢幻享受，為午茶畫下一個完美的句點。另外也別忘了水管屋後方，還有一輛古董金龜車喔！

## 充滿童趣的樹屋

再度來此是為了樹屋，我趁著沒人時特地爬上頂端瞧瞧，原來這裡還有一個座

樹屋下有一把藤製休閒鞦韆椅，盪一盪也很有趣！

位區。若不是想畫樹屋，我一定會躲到上面，那是屬於內在小孩獨處的空間。看見很多遊客童心未泯，把它當作背景拍照，玩得跟孩子似的。

　　這是個有故事且充滿童趣的地方，為了讓顧客每次來都有不一樣的驚喜，玻璃屋裡的裝飾擺設也不定時更換。老闆大方分享他的收藏，美好的氛圍自然流動著，讓這處空間充滿了返璞歸真的能量。

# 琉傳天下·琉星花園

琉璃觀光創藝工廠

製造趣味的大藝術館

　　原本計畫要去土樓藏仙閣吃窯烤比薩，到了目的地才知道已經永久歇業，只留下土樓遺跡與許多石鼓、石雕佛像在前院。附近還有我一直很想去的琉傳天下觀光工廠，之前讓我望之卻步的原因是「工廠」二字，心想：「會不會需要團體報名？工廠有什麼好看？」當我終於踏進大門的那一剎那，心底冒出巨大聲響：怎麼到現在才來呀！這裡跟工廠完全扯不上關係，而是一個大型藝術館。

## 創藝無限　貼近生活

　　入口的迎賓區即是以琉璃為主題，結合園藝所設計的創意花園，每一個角落都可看到用琉璃裝點的小巧思，像是酒瓶琉璃燈、酒瓶花器等，讓人恍然大悟，原來琉璃可以這麼貼近生活，不再是高不可攀的昂貴藝術品。

　　導覽區有一面「琉傳天下的魔法特快車」的大牆，一旁還有魔法裝可供遊客扮裝拍照，我當然要著裝來拍一張，證明到此一遊囉！一邊欣賞，一邊遊戲，製造趣味的藝術氛圍，也是這裡的體驗之一。

　　在溫馨的休閒區有創辦人周宣宇先生的簡介，旅英主修藝術與科學的周先生，原任職航太工程及半導體企業，因喜愛琉璃如浩瀚宇宙的色彩，開啟從美學看天下的思考概念，放棄一切回到台灣，從零開始，於2004年創立琉傳天下。六年後開放琉傳天下藝術館供市民參觀，2018年結合園藝之後成為「琉傳天下·琉星花園」。

## 以互動豐富參觀經驗

　　室內的各區間共有近兩千棵植物，在琉璃花器的襯托之下，更顯生氣盎然。花園廣場是吹製創作區，也是最大的休息空間，有寬廣的階梯式座位，搖搖椅是必拍背景。牆面有廢棄輪胎上色後搭配琉璃的活潑裝飾，星空廊道兩旁的窗景也都精采。我對一個集結舊型手機封存在琉璃框裡的作品印象最深。走過狹長廊道就是商品區，但看起來一點都不商業，好像藝術品展覽區。還有一間高檔的精品陳列室，吹製與脫臘的技法更不一樣。

　　寓教於樂的互動遊戲間有數台融合藝術與科學的彈珠台，地心引力、重力加速度、離心力、槓桿原理等，都在周先生無框架的設計之下，讓彈珠掉入每個正向能量的成語詞洞中。玩樂之餘，也能訓練語

終於踏進了琉傳天下的大門，太驚喜了，這裡就是一座大型藝術館呢！

文能力、平衡感、反應與專注力。還有足球台，肯定會讓大人小孩都玩瘋掉。

琉璃，是古時對玻璃的雅稱。美的玻璃，就可稱作琉璃。琉星花園的活動內容

以趣味、探索、安全、簡單、當天可帶走為原則，周先生也會親自教學喔！可以團體安排導覽或個人自由參觀，已經入寶山了，千萬別空手而返！

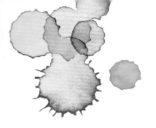

# 紫藤咖啡園

### 休耕30年，建成祕密花園

喜歡黃昏的時候開車往淡水山間小路兜風，因此常在無意間會發現新大陸。這次誤闖紫藤咖啡園，就是一個驚奇小冒險，像是老天精心的安排。網路上一直有紫藤盛開時的訊息，可是當我有空去的時候，總是一再地遇到「今日不開放」的窘境，真懷疑這家店到底有沒有正常運作？

就在晴朗的5月，想去山區裡的日光行館喝個下午茶，畫畫田園景色，不料日光行館毫無預警地歇業，只好另尋祕境。車子經過紫藤屋，大門竟然開著，真的踏破鐵鞋無覓處，得來全不費工夫！不如就到紫藤屋探個究竟吧！停好車，走了好長一段路才找到一棟很像咖啡屋的建築物，門開著，但空無一人，好生失望地離開。不一會兒，卻聽到後方傳來交談的聲音，我與畫友二話不說來個一百八十度大回轉，雀躍而迅速循聲而去。

## 每年只開放一個月

「請問今天有開嗎？」

有位先生答：「沒有耶！一年只開放3月20日到4月20日。現在花季過了，要休息11個月。你們運氣真好，因為送貨的人沒關大門，你們才進得來。」

我心想這也太酷了，一年竟只開放一個月！當我們正沮喪地往大門方向走時，這位先生用相當暢快的語調說：「既然來了，就來看看老闆寫的書法。」手一面翻著幾頁寫得工整的楷書，一面輕鬆地說：「我沒事就會在這裡寫書法。」原來他就是老闆，姓賴。很好奇他的經營概念，就繼續追問。

這片土地有一萬坪，是大屯火山爆發後的岩盤地質，已休耕30年所以無法種植。賴先生用便宜的租金租下十年，花了三年的時間及2,000萬台幣，還有無可計數的心力打造這片夢想花園，轉眼已過了七年。問他值得嗎？他說：「退休前我是美術材料進口商，取之於社會，用之於社會，妳說值不值得？」我說：「當然值得！」

我又開玩笑地說：「喔，因為賺飽了所以……。」不待我說完「無後顧之憂」這幾個字，老闆便打斷我的話打趣地說：「沒有！一般賺飽了會被徵召回去，我只是在完成夢想。」畫友問：「老闆有住這兒嗎？」他回：「沒有。如果我住這兒，晚上

以深紅色連鎖磚鋪成的紫藤隧道長100公尺、寬六公尺,走到盡頭,擺上畫具,現在雖不是花季,但眼前叢叢馬鞭草、薰衣草所鋪成的紫色浪漫,連綴遠處大屯山的蒼翠美景,加上微涼的風輕輕吹拂,也夠幸福了!

會爬起來拔草。」逗得我們哈哈大笑。

　　老闆還說,平時會去演講,談的是「人生」, 鐘點費五千元。哇,失敬!失敬!我也不讓他專美於前,便說自己上台費用也是很高的。反正大家是在打屁。至此,他只知道我是要出版速寫書。當天因為風太大,本想速寫的念頭頓時煙消雲散,於是我問老闆:「可以跟您約下次再來嗎?我會帶著豐盛的中餐來此拜訪,順便畫畫紫藤園裡的美景。」直到送我們出大門外,

老闆還來來回回介紹著各個小景點,如園區倒影池等等,簡直十八相送呀!

　　過了兩個星期,我如約打包了幾道農家菜,又多帶了三個住在淡水的音樂圈好友來訪。用餐時賴大哥滔滔不絕分享他的故事。餐後,我畫著紫藤,除了鳥語花香,腦海裡又響起賴大哥的話:「一年只開放一個月給外人,11個月是給朋友的。」是不是朋友,就看大家的緣分囉!

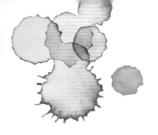

# 楓樹湖步道

展望楓樹湖盆地

---

楓樹湖跟內湖一樣，不是湖，而是一個地區，因有許多楓樹林立在山間小路上而得名。過了無極天元宮，往前有山仔頂登山步道，繼續大約三分鐘車程。

---

下車後，從右手邊淡藍色的「楓樹湖金花石蒜園區」牌樓進入，盛放的紫牡丹一路相隨。沒有熟門熟路的人帶領，我在山裡不敢貿然行動。幾次在蜿蜒的山路上，只看見「小天梯步道」與「跤頭趺崙步道」的指標，未找到楓樹湖步道，以致錯過了這裡有名的木蘭花海。

後來經過一棵百年大榕樹，一不小心來到一間蓋在路旁的慈德廟。背山面海的慈德廟腹地寬廣，周圍可展望整個楓樹湖盆地，一路望向出海口。看到更遠的海平面上，點點漁船彷彿飄在空中，海中、空中，讓人傻傻分不清，好奇特的感覺。這是一個能登高望遠，適合靜心的地方。

這附近的確有楓樹湖步道，只是我一直沒找到，就交給大家去探險了。順便原諒我的不負責任，感謝喔！據說在金花石蒜區牌樓上行，右手邊會出現「楓樹湖步道」標誌的階梯路，沿步道階梯而上，就可以看到美不勝收的木蘭花海。

背山面海的慈德廟腹地寬廣，周圍可展望整個楓樹湖盆地，一路望向出海口。

忠寮李家

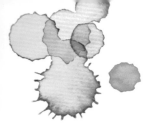

# 石牆仔內
## 自家烘焙咖啡鄉土料理

百年三合院

　　2006年4月剛搬到淡水時，在旅遊頻道得知位於淡水山區裡的特色餐廳「石牆仔內」，第二天中午便驅車前往這間三合院式的古厝。一樓是鄉土料理餐廳，二樓則是用南方松搭建的景觀咖啡屋，坐落在2,400坪的農地裡，這是我當時對此初步的認識。沒想到一試成主顧，每次好友來訪時，這裡便是我招待友人的第一選擇，十多年來店家也進化了更多玩法。

　　一日中秋午後，我把車子停放在柚子樹旁，走進西曬的石牆仔內。寧靜的院子裡，只有老闆娘抱著剛醒的孫女在戶外用餐區的矮凳上悠閒坐著，見我這時出現，露出了好奇的笑容問候。我說：「先來畫三合院，晚上再來用餐。」不一會兒，蚊香就為我點上了，怕我熱還開了風扇。開始上色後，女兒也從樓上的咖啡屋端來一杯拿鐵，可真是VIP級的待遇呀！好感動！我想，這也是它十多年來門庭若市的原因之一吧！總是友善地對待每個顧客。

　　落成於1871年的忠寮李家三合院，是祖籍福建泉州來的李家第三代蓋的。大約在2001年左右，身為第八代傳人的老闆李國雄先生，響應政府「三合院活化再利用」的號召，把產權重整後進行修復，完整地保存百年老屋。閒暇時妯娌間會煮煮私房菜，在這兒聚會招待朋友，而後適逢「一鄉一休閒」的提倡，決定擴大營業。

　　老闆娘的父親是個總鋪師，將所有料理菜單統整，於2002年正式開業了。店裡有特色的農家菜還真不少，像必點的鮮嫩白斬雞、鹹蛋南瓜、客家鹹豬肉、水蕹菜、荷葉豆腐等等，還預備了兩人以上的經濟套餐組合。

　　用餐的地點在左護龍，正身作為包廂，可以感受150年前李家祖先在此生活的況味。正廳牆上貼有著赫赫有名的詩人李魁賢先生的詩句與資料。原來李魁賢先生是老闆的堂哥，從小一塊兒在這長大。屋外空地上更是童玩的好去處，跳房子、打陀螺、兩人三腳等等，器材都準備好了，就等客人來玩。

　　往二樓走去的階梯長廊邊上，有日用品商鋪，裡面的產品是老闆2008年從淡水農會退休後，運用專業技術提煉製造的手工

清同治年間，若有人要找忠寮李家，鄰居通常會指著山坡上的方向說：
「就在那片石牆裡面。」於是閩南語「石牆仔內」就這麼得名。

肥皂、植物精油、洗髮精，另一間則是假日顧客體驗區，提供製作草仔粿、肥皂、古早童玩這些產品的有趣過程。

## 石牆仔內咖啡屋

2002年石牆仔內餐廳剛開幕時，二樓原是一個露天的花台，遠眺左前方是以吉野櫻著名的無極天元宮，右前方是三芝海邊。天氣好的時候更是觀賞夕照的好地點。因為山區多雨，於是就用南方松加蓋四房圍牆，變成可遮風擋雨的大空間。李家女兒大學畢業後，基於對這方土地特殊的情感與一身咖啡師的專業技能，2005年「石牆仔內咖啡屋」便成型了。而這麼偏遠的地方要怎麼吸引客群？靠的全是口耳相傳。

我的記憶回到第一次到三合院的那天，用完餐後，就迫不及待走上二樓，去感受電視螢幕裡呈現的木屋氛圍。所有的座椅全是木頭，手工打造，四面的玻璃窗外，或近或遠，滿眼盡是綠意。我坐在沙發區，年輕老闆聿盈姊姊親自服務。還記得那天我說：「我完全不懂怎麼品嘗咖啡，您可以教我嗎？」她說：「可以啊！」拿著店內手寫的MENU為我介紹：「這款是衣索比亞耶加雪啡，口感像茶不像咖啡，另一個極端是印尼的蘇門達臘黃金曼特寧，口感較濃苦，吻合印象中對咖啡味道的認識，對於不懂咖啡的人，這兩種天差地遠的味道是最好辨識也最好入門的。」

不一會兒，我點的咖啡單品還有兩塊酥脆的手工餅乾，一起放在簡單的平板陶盤上端來了。令我最感動的是，在招呼絡繹不絕的顧客同時，客人點的每一種咖啡，她都不吝多泡一小杯讓我品嘗，沒忘記我是來學習喝咖啡的。最後她說：「這一杯熱熱的時候你先喝一半，剩下的放涼了再喝。」我照著她的提點，在喝下因涼掉而散發著青草味的咖啡後，已經完全顛覆我對咖啡的認知。永遠記得那天，我像是披上嶄新生活的金縷衣，帶著一身的武藝與感激離開。

潮流不斷變化，與時俱進的石牆仔內咖啡也推出這兩年市面上相當受歡迎的蝶豆花。將藍色的蝶豆花水加上一小匙檸檬，杯子馬上呈現藍與紫紅兩層漂亮的顏色，好有趣喔！最後再淋上咖啡，就成了蝶豆冰釀咖啡，不僅嘗鮮，也喝出不一樣的心情。趕在天黑之前買完單，走下階梯繞到前庭去，聞一聞老闆在此復育並已盛開的秀英花香。環顧四周的百年老樹，心中默默道聲再見，我不會捨不得離開，因為這裡已經是我「不是祕密的祕密基地了」。

石牆仔閃咖啡屋的所有座椅都使用木頭,手工打造;
而四面的玻璃窗外,或近或遠,盡是綠意。

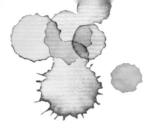

# 忠寮李家旗桿厝

去畫紫藤咖啡園的那天，無意間發現不遠處有一間相當入畫的古宅，想著要再找一天來速寫。

某日中午剛好就在附近的石牆仔內用餐，難得看見李老闆在屋外用餐區與朋友品酒小敘，我一時心血來潮，跑去插科打諢地問：「李家在中寮好像還有八間對不對？」沒想到李老闆回答：「對啊！你想看嗎？我帶你去。」就這樣幸運地，我在淡水忠寮的田園間，一間間蜻蜓點水式地看完了李家燕樓群，有些房子裡還住著李家人，門庭外還曬著衣服與蘿蔔乾呢！原來，紫藤咖啡園旁的那間古厝，就是燕樓李家「旗桿厝」。

旗桿厝建於1893年（清光緒十九年），排名李家燕樓群的第九座，屬於兩落雙護龍四合院。起造者李懋蟾公是當時科舉貢生第一名，屋前立有旗桿，也被稱為「李舉人宅」。第一進正身為五開間，有遮雨亭，屋頂上右邊的燕尾已經損壞斷裂，亟

待修補還原。上牆身為紅磚，有石雕竹節窗，下牆則為觀音山安山岩。山牆上的圖案，是用來鎮宅的「獅頭懸魚」泥塑。建築工法極其細緻與講究，只可惜目前進不去，只能看外觀。

可喜的是，石牆仔內的老闆李國雄先生透露，旗桿厝的李家人已經申請了古厝修復的經費，期待在不久的未來開放參觀。

期待未來旗捍厝能獲許開放，
讓世人親覽古時的官紳宅邸，
感受當時舉人的榮耀輝煌。

## Here's the Story

### 燕樓

　　「燕樓」的由來，取自春秋戰國時代燕國的都城「燕京東角樓」的簡稱，燕樓是忠寮李家的代表堂號。李家的開山基祖李鼎成先生，於1751年（乾隆十六年），由福建泉州同安搭船渡海來台，初期落腳於關渡，1756年才至滬尾，子孫在此繁衍開枝散葉，成為淡水最大宗族，各個出類拔萃。不僅多人獲取功名，在光緒年間開始出現建築匠師，除了傳徒，開立「燕樓匠派」，最拿手的便是「砌石牆」，著名的現代建築師李乾朗先生便是李家後代。

# 李永沱故居

淡水第一位素人畫家

7月中旬在淡水雲門劇場欣賞優質的「十三聲」舞蹈預演場，碰巧看見一樓的藝文走廊正展出「山水 古厝 洋樓——李永沱畫作展」。沒有經過學院洗禮的他，是淡水在地第一個畫家，以樸拙的筆調，畫出一幅幅濃烈的鄉情與童趣，為上世紀的北台灣留下時代的印記。

提到李永沱先生，老淡水人比較知道位在馬偕銅像旁的文具店位址，那是他後來的住處，目前是麥肯納鞋店所在。他最早的故居則鮮為人知，仍保存完好地坐落在李家第一間古厝附近，外觀上是兩層樓的石頭屋，乃其成家立業之所。

他留下的畫作富含天真與浪漫自在，令我激賞，語錄也同樣撼動著我：「我覺得奇怪，那些畫國畫的人為什麼不畫身邊的事物？有那麼多人畫梅花，卻不畫台灣的桃花，有那麼多人畫長江、黃河，卻不畫淡水河。」讓我想到小時候畫水墨，從四君子蘭、菊、梅、竹開始，可是卻從來沒有看過蘭花跟梅花，只是很理所當然地「跟畫」而已。也或許是為了要考進美術學院，完成老師設計的「必要學習」。他還有句話：「我不懂什麼高深的美術理論，只是為了感動才畫畫。」我畢業很久以後，重拾畫筆時才體會到了這句話。為了靜心，為了滿足自己內在的奇思妙想，更好奇無

中生有的逸趣。抽離現實再回到現實，直到生命的盡頭也將會多姿多彩，就像李永沱先生說的：「我希望我的畫筆能夠畫出我人生光彩燦爛的黃昏。」是的，我也是。

## 李永沱 先生

李永沱（1921～2005），出身淡水望族忠寮李家，從淡水中學畢業後，赴日專攻機械工學。回台後任教於淡水中學、台北工專、大安高工。在五十多歲時，偶然間發現妻子因養病而結束經營的文具店裡，尚有油畫顏料存貨，一時心血來潮，在三夾板上畫下「西窗外黃昏的教堂」，從此透過繪畫記錄對家鄉淡水的情感，1970至1990年間創作近百幅作品，尤其觀音山的春、夏、秋、冬、黃昏與月夜，是一個不受技法局限、大膽揮灑自己色彩與筆調的素人畫家。

就像李永沱先生說的：「我希望我的畫筆能夠畫出我人生光彩燦爛的黃昏。」
是的，我也是。

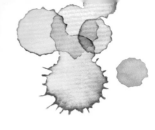

# 古聖廟行忠堂

百年香火不斷

位於淡水山區，屬於道觀的行忠堂，原是忠寮李家三房原址。清末時，漢學家李錫疇（宗範）先生在此興辦私塾。因聘來任教的李銅池先生胞弟李填池患病，藥石罔效之下，特請李宗範先生設壇求神聖顯靈。誠心祈求七個晝夜後，李填池先生不僅疾病痊癒，並且從一個目不識丁的農夫奇蹟似地能看字唸詩詞。

後來李宗範先生將私塾與宅院捐出建廟，於清光緒26年興建完工，主祀關聖帝君、呂洞賓、岳飛、灶王爺及雷公等五尊主神，以扶鸞問事、為民醫病、除魔、擇日而香火不斷。目前除了正殿兩旁還留下當時的燕樓廊道拱牆，其他都是現代翻修的。這裡三面環山，前方可見夕照，腹地廣大，有停車場。我以為廟前的建築物是用來酬神的戲台，還好廟公糾正，它是祭拜用的天公壇。

重頭戲是廟後方的公園。從高聳參天的椰林步道走進行忠公園，步道旁有淡水神社於1951年拆除時，廟方與附近居民合力運回的燈座。左邊一座醒目的清朝石砌旗桿座，上方四面陰刻「鵬、程、萬、里」，下方縱刻「乾隆六十年乙卯科恩式貢元黃登榜監」，距今已有兩百多年了。廟方說是陽明山上的官家拆房後寄放在此的，至於是誰並沒有人知道。許多人在涼亭裡野餐，是一個闔家歡樂的遊樂場，還有石雕水果和動物湊熱鬧。

園區坡上有環山步道，下方鑿有1981年完工的八仙洞，平時不對外開放。我因為好奇而跟廟方借鑰匙，從南門進入，打開電源總開關，開始仙洞之遊。洞裡全以石雕和泥塑來講述忠孝節義的典故，像薛仁貴救駕、三國的空城計、三顧茅廬、二十四孝裡的彩衣娛親、八仙過海、觀音救世等神蹟，還有十八羅漢及水滸傳人物等，在長長的廊道裡逐一呈現。

漫遊散策

園區應該是賞櫻的好地方，但我來的時候是盛夏，只有挺立的櫻枝。不要緊，不讓櫻花專美於前，四季都是賞花賞景的好時機。離開這個世外桃源後，右轉奎柔山路，會看到桃紫色的美人花在道路兩旁列隊怒放，只要一分鐘車程就可到達另一個祕境「三芝田心」，山光水色的迷人倒影，也是網美拍照與遊客打卡的熱門景點喔！

2019.9.1
椰林

高聳參天的椰林步道，步道旁有淡水神社於1951年拆除時，
廟方與附近居民合力運回的燈座。

Taiwan
Creations 02

# 輕描淡水：速寫水岸·山色與街廓

作　　者　　林小南

總 編 輯　　張芳玲
企劃編輯　　張芳玲、鄧鈺澐
主責編輯　　鄧鈺澐
校　　對　　黃　琦
封面設計　　許志忠
美術設計　　許志忠
行銷企劃　　鄧鈺澐、張舜雯

太雅出版社
TEL：(02)2882-0755　FAX：(02)2882-1500
E-mail：taiya@morningstar.com.tw
郵政信箱：台北市郵政53-1291號信箱
太雅網址：http://taiya.morningstar.com.tw
購書網址：http://www.morningstar.com.tw
讀者專線：(02)2367-2044、(02)2367-2047

出 版 者　　太雅出版有限公司
　　　　　　台北市11167劍潭路13號2樓
　　　　　　行政院新聞局局版台業字第五○○四號

總 經 銷　　知己圖書股份有限公司
　　　　　　106台北市辛亥路一段30號9樓
　　　　　　TEL：(02)2367-2044 / 2367-2047　FAX：(02)2363-5741
　　　　　　網路書店 http://www.morningstar.com.tw
　　　　　　郵政劃撥 15060393(知己圖書股份有限公司)

法律顧問　　陳思成律師

印　　刷　　上好印刷股份有限公司　TEL：(04)2315-0280
裝　　訂　　大和精緻製訂股份有限公司　TEL：(04)2311-0221

初　　版　　西元2020年04月01日
定　　價　　350元

(本書如有破損或缺頁，退換書請寄至：台中市西屯區工業30路1號 太雅出版倉儲部收)

ISBN 978-986-336-383-5
Published by TAIYA Publishing Co.,Ltd.
Printed in Taiwan

國家圖書館出版品預行編目(CIP)資料

輕描淡水 ： 速寫水岸.山色與街廓
／林小南 作 ．——初版，
 ——臺北市：太雅，2020 ．04
面； 公分 ．——（Taiwan creations；2）
ISBN 978-986-336-383-5 （平裝）
1.旅遊 2.新北市淡水區
733.9/103.9/141.6　　　　　　　109001136

# 填線上回函，送 "好禮"

感謝你購買太雅旅遊書籍！填寫線上讀者回函，
好康多多，並可收到太雅電子報、新書及講座資訊。

## 每單數月抽10位，送珍藏版「祝福徽章」

**方法：**掃QR Code，填寫線上讀者回函，
就有機會獲得珍藏版祝福徽章一份。

## 填修訂情報，就送精選「好書一本」

**方法：**填寫線上讀者回函，及填寫「使用心得」欄，
就送太雅精選好書一本(書單詳見回函網站)。

＊同時享有「好康1」的抽獎機會

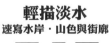

### 輕描淡水
速寫水岸‧山色與街廓

https://reurl.cc/gvoD5b

＊「好康1」及「好康2」的獲獎名單，我們會
於每單數月的10日公布於太雅部落格與太
雅愛看書粉絲團。

＊活動內容請依回函網站為準。太雅出版社保
留活動修改、變更、終止之權利。

**太雅部落格** http://taiya.morningstar.com.tw

有行動力的旅行，從太雅出版社開始

# 淡海輕軌載你玩

## 小南方推薦私房遊程

### V01紅樹林

玩 紅樹林生態教育館
🚶 走路1分鐘

### V02竿蓁林

閑恬Mydeli手作美味坊 食
🚶 走路2分鐘

阿妮担仔麵
🚶 走路6分鐘

玩 雲璽典藏
🚶 走路1分鐘

### V03淡金鄧公

阿三哥休閒農莊 玩
🚌 863/631/F101樹興

玩 小農文創市集
🚌 631/F101樹興

玩 三空泉
🚌 F101樹興

### V04淡江大學

阿娥排骨麵 食
🚶 走路2分鐘

玩 淡江大學
🚶 走路14分鐘

### V09濱海沙崙

公司田溪程氏古厝 玩
🚶 走路6分鐘

f 淡海輕軌 x 新北捷運　　新

淡海